しくみ・業務のポイントがわかる
Supply Chain Management

現場で使える「SCM」の教科書

石川和幸
Kazuyuki Ishikawa

ソシム

▶ SCM という言葉は一般化したものの…

最近、「サプライチェーン」という言葉をよく聞かれることでしょう。「サプライチェーンマネジメント」（以下、「SCM」）という言葉も普通に使われるようになりました。

しかし、「SCM とは何か？」と問われると意外と答えにくいものです。まして、「わが社の SCM を構築せよ」と言われたとしても、それが一体どういうものなのか、どうやって構築するのか、といったことはあまり理解されていないのが実態です。

そのため、いまだに SCM が単なる一部門の作業改善だったり、システムを入れれば成功すると思われていたりするのです。SCM が矮小化され、残念でなりません。SCM は効果が限られた改善やシステムだけの話ではなく、**会社の競争力を高め、継続的な収益性を維持し、会社の永続性に貢献する改革なのです。**

▶ 変化が激しく、不確実性が増した世界では SCM の構築は必須

現代は競争が激しく、世界は不確実性を増してきています。2000年当初の SCM は、在庫削減や効率を目指していることが多かったのですが、それは SCM が目指すべきことのごく一部でしかありません。

SCM は、不確実性を増した未来に対し、先々の販売や生産・調達の状況を推定し、リスクを判断し、意思決定することで先読みした「計画的な対応」なのです。たとえば、先々の売上が落ちそうなら、生産を抑制して在庫が残ることを避けたり、キャンペーンを仕掛けて売り切る努力をしたりするのです。あるいは、調達が困難になる部品がある場合は、事前にサプライヤーと相談して供給を確保したり、事前にリスクを承知

で購入したりするのです。

つまり、**先読み（Proactive）をした会社の意思決定をマネージする**といったことがSCMの主眼なのです。変化が激しく、不確実性が増した世界では、SCMの構築は必須です。

▶ はじめてSCMに触れる人にもわかりやすく解説しました

冒頭に述べた通り、SCMが一体どういうものなのかはつかみにくいものです。本章は、SCMを理解しやすくするために、**SCMの歴史と概要、SCMの枠組み（フレームワーク）、SCMのそれぞれの業務、SCMに必要なシステム、SCMのこれからの課題、といった順序で解説しました。**

第0章では、SCMとは何かということを解説しています。いきなり本題に入る前に、概要をお伝えし、おおづかみにSCMを理解できるようにしました。**SCMの黎明期から現在までの流れ、SCMのフレームワーク**を理解いただき、本書を読み進めるための準備をしていただける内容にしています。

第1章では、**SCMの狙い、SCMの意義や効果**を述べています。SCMが単なる改善ではなく、競争力強化や収益性、リスク対応力の強化を目指す活動だということを理解できるでしょう。

第2章から第5章までは、**フレームワークに従った各業務領域**を解説しています。第2章では、**SCMの土台としてサプライチェーンネットワークの設計の仕方**を述べています。工場、倉庫の配置、生産の仕方、物流の形態など、競争力のインフラとなる「モノの配置と流れ」という「インフラ＝土台」を設計し、構築する考え方です。

第3章では、「**計画業務**」を解説します。**SCMで最も重要な業務が計**

画業務です。計画によって会社の収益性が決定され、リスクへの対応準備がされます。計画業務の優劣が決定的に重要であることを理解でき、その一方で、複数組織を横断して連携させ、統合することのむずかしさも理解されるでしょう。SCMの成功は、組織のカベを取り払った計画的連携と統合にかかっているといっても過言ではありません。

第4章では、「**実行業務**」を解説します。出荷、製造、調達、物流の各業務は、効率性とスピード、品質が重視される領域です。日本企業の最も得意とする領域で、すでに数々の改善手法があるところでもあります。それでもなお、SCMという視点では改善の余地があるといえる業務領域です。

第5章では、「**評価業務**」を説明します。可視化すべき指標やデータを説明しています。

第6章と第7章では、**SCMに関わるシステム**の解説をしています。SCMが関わるシステムは広範です。第6章では**その全体像と個別システム**を説明し、第7章では**それぞれのシステムの上手な導入・活用方法**を述べています。

最後の第8章で、**SCMが抱えるこれからの課題**を説明しています。SCMはまだまだ変化し、グローバル化とテクノロジーの影響を受けます。設計などの周辺領域とのさらなる連携も必要なのです。

SCMは会社の根幹を担う業務です。SCMの重要性を理解し、会社の競争力強化と永続性の強化に貢献できれば幸いです。

2021年4月

石川和幸

Contents

Chapter

5

SCMの可視化が
パフォーマンスをレビューし、
改善・実行を促す

Chapter 6

SCMシステム基礎編：
SCMを成り立たせるシステムを
上手に組み合わせて使う

SCMシステム応用編：
上手なSCMシステムの
使い方を伝授

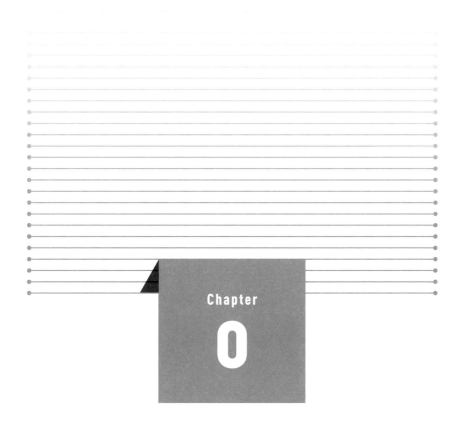

Chapter

0

SCM とは何か？

SCMは「調達→生産→物流→販売」までの流れを管理する手法

SCMは「供給」を「デザイン」し、「計画・実行統制・評価」すること。

SCMとは何か？

　SCMは、**サプライチェーンマネジメント**（Supply Chain Management）の略です。直訳すると「供給連鎖の管理」となります。**モノを顧客に届けるための管理を行う手法**ということができます。

　「なんだ、単純だ」と思われるでしょうか。実はそうでもないのです。自社にモノ（＝商品や製品の在庫）があって、顧客からの注文に今あるモノを届けるだけなら単純です。しかし、そうとばかりは限りません。

　たとえば、注文が殺到したらどうでしょう。急に売れ出して欠品したら、顧客にモノを届けることができなくなります。あるいは、部品の納期が遅れて生産ができなくなったら、きちんと顧客にモノを届けることが不可能になります。こうした状況が長く続くと、顧客から見放されて売上が急減し、会社が危機におちいるかもしれません。

　逆に、欠品がこわいので、売れることを見越して大量に生産・調達して、在庫したとしましょう。いざ在庫してみると、あてが外れてしまったとします。今度は在庫が滞留して、ばく大な倉庫の保管費用がかかります。在庫したモノに賞味期限があるような場合には、大量廃棄の憂き目にあいます。これでは大損です。

　常時、顧客の要求したモノを、顧客の欲しい場所に、顧客の欲しいタイミングで、要求通りの数量で届け、かつ余計な在庫を持たないとすると、意外にむずかしくなります。**顧客に「必要なモノを、必要な時に、必要な場所に、必要な数量だけ、届ける」**ことができるように、ち密な

供給の流れを管理することが必須になるのです。

▍SCMではどんな対応をするのか？

　先の欠品の例では、急な売上のブレを察知したり、予測したりしながら、事前に対応できるように準備することです。在庫滞留の例では、将来の売上の減少を予測したり、売上の増加は一時的なことと判断したりしながら、余計な在庫リスクを抑える決断をしたりします。

　予想が当たるか、外れるか読めない場合は、製品で在庫すると危険なので原材料で在庫するケースもあります。受注が伸びたら急いで作り、確実に供給する。逆に受注が伸びないときは、原材料のまま保管しておくことで、付加価値の高い製品の状態での在庫滞留・廃棄リスクを避ける対応をとったりします。

　このように、**SCMは単にモノを届けるだけはありません。変化が読めない未来に対し、さまざまなことを考慮して、会社が儲かると同時に損をしないような経営を可能にする、高度な意思決定の取り組み**なのです。

▍それでは、SCMを定義しよう

　SCMは、「調達→生産→物流→販売」までの流れを管理することです。

　しかし、おわかりの通り、これだけではありません。管理の前提として、**モノの流れのネットワークを構想・デザイン**します。上の例では製品ではなく、原材料で在庫することでしたね。また、**管理とは計画、実行・統制、評価すること**です。「**PDCA**」ですね。

　では、定義してみましょう。**SCMとは、「必要なモノを、必要な時に、必要な場所に、必要な量だけ」届けるための構想・デザイン、計画、実行・統制、評価の仕組み**です。

　聞きなれない言葉もあるでしょうし、少しむずかしいかもしれませんね。こうした言葉は本書で解説していきますので、じっくりと理解していってください。

SCM（サプライチェーンマネジメント）とは？

供給連鎖の管理

調達 → 生産 → 物流 → 販売

↓

実は、意外とむずかしい
たとえば、次のような対応が必要

急な受注の増加

きちんと届けるために
変化を察知・予測して
事前に準備

受注・売上の減少

余計な在庫が残らないように
リスクを読んで
生産・調達をコントロール

**需要も読めないし、
リスクも負いたくない**

↓

部品や原材料で在庫し、
急な受注時に製品にして出荷

変化が読めない未来に対し、さまざまなことを考慮して、
会社が儲かると同時に損をしないような経営を可能にする、
高度な意思決定の取り組み

SCM の定義

「必要なモノを、必要な時に、必要な場所に、必要な量だけ」
届けるための構想・デザイン、計画、実行・統制、評価の仕組み

SCM が登場した歴史的背景を知ろう

SCM は商品補充・物流作業として紹介され、"作業"と勘違いされた。

▌SCM が登場した背景は"作れば売れる"時代の終焉

SCM が登場する以前は、日本を含む先進国の多くが経済成長を謳歌していました。人々が豊かになっていく過程で、大量消費の旺盛な需要にこたえるべく、製造業は大量生産を行いました。まさに、"作れば売れる"時代だったのです。

しかし、経済成長に一区切りがつくと、消費も飽和状態になり、人々の財布のヒモも締まりました。企業の投資も一段落し、余計なものを作ると売れ残りとなり、企業の資金繰りに悪影響を及ぼしました。

消費者の目も肥えて、必要なモノしか買わなくなりました。その反面、「必要なモノはすぐ手に入れたい」という状況にもなりました。**必要なモノがすぐ手に入らない、あるいはタイムリーに届けられないと、消費者はすぐ他の売り手から他社の製品を買うようになりました。**

"作れば売れる"時代が終焉したのです。**顧客の「必要なモノを、必要な時に、必要な場所に、必要な量だけ」**届けることが必須の時代になったのです。

▌SCM は「企業間の効率的補充作業」として紹介された

SCM の黎明期にはまだSCM という言葉はありませんでした。しかし、顧客の厳しい要求にこたえるべく、さまざまな対応策がとられました。最初に紹介されたのが、「店舗へのタイムリーな連続補充の手法」です。

連続補充の手法は、**QR（Quick Response：クイックレスポンス）**

やECR（Efficient Consumer Response：効率的消費者対応）と呼ばれました。QRやECRは、店頭在庫情報をメーカーと共有することで適切な補充ができる仕組みと紹介されました。企業や組織のカベを超えて連携することがSCMのコンセプトであると紹介され、展開されました。

　この例示により、**SCMは効率的な補充と勘違いされました**。その結果、「在庫の補充作業」「効率的な物流作業」「効率的な調達作業」がSCMの主要機能と勘違いされたのです。今でも「SCMは物流や調達のことだ」という人がいるのは、この時の名残です。

SCMが登場した歴史的背景

市場の成熟・モノあまり

「作れば売れる時代」の終焉

売れるものは、確実に供給しないと「売り逃がし」になる
売れないものが残ると「過剰在庫」になって滞留

モノの供給を効率的に行える仕組みの構築が必要になった

SCMの誕生

▌その後多くの企業がSCMの構築に失敗

　日本では2000年前後にQRやECRの例がSCMと紹介され、改革のモデルとして多くの取り組みが行われました。SCMは"作業"と定義されたので、自動化・システム化で対処できると考えられました。"作業"なので、自動化システムを入れればSCMができると勘違いされたわけです。

　そこで、数億円から数十億円のお金をかけたSCMシステムの構築が目指されました。システムを入れるだけでSCMができ上がればよかったのですが、そうした取り組みのほとんどは、失敗に終わりました。

　最適予測、最適在庫、最適生産計画、最適調達、最適物流手配が数学的なロジックで自動計算できるとされました。しかし、**現実の業務は数学的な理想的世界ではありません**。自動最適化など夢のまた夢、現実世界では空想的SCMは機能せず、システム化も失敗したのでした。

　予測をしても外れるリスクがあります。**組織間の利害調整が必要で、数学的な最適解は必ずしも成り立ちません**。現実の世界では、**人が意思をもってリスク対応し、組織利害を調整する「意思決定」機能が必要**なのです。SCMが「**マネジメント**」たる所以です。マネジメントの仕組みを取り落としたSCMが、成功するはずはなかったのです。

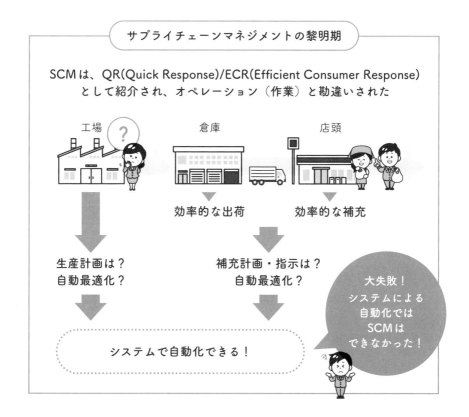

サプライチェーンマネジメントの黎明期

SCMは、QR(Quick Response)/ECR(Efficient Consumer Response)
として紹介され、オペレーション（作業）と勘違いされた

工場　？　　　　　倉庫　　　　　　店頭

効率的な出荷　　効率的な補充

生産計画は？　　　　補充計画・指示は？
自動最適化？　　　　自動最適化？

大失敗！
システムによる
自動化では
SCMは
できなかった！

システムで自動化できる！

SCMがあらためて
重要視されるのはなぜか？

グローバル化の進展と不確実性の増大によりSCMの再構築が必要に。

▌SCMが構築できていないので
　リーマンショックに対応できなかった

　2008年にリーマンショックが起きました。当時日本企業は絶好調で、多くの企業が最高益をたたき出していました。リーマンショックの当初は金融の惨事（さんじ）で、実体経済には影響しないとされました。

　ところが、海外市場での売上が激減して結果的に輸出ができなくなり、港に在庫が山積み、国内でも工場が生産を停止せざるを得ない状況におちいりました。まさにショック状態。

　当時、失敗したことが隠され、2000年前後のSCMの大ブームで、日本企業のSCMは構築できていたことになっていました。需要変動を先読みしてとらえ、生産・調達を適切にコントロールするはずのSCMができていたら、販売鈍化を察知し、在庫の積み上がりを予想し、適切な輸送、生産・調達を調整できたのではないでしょうか。生産を止めたあとの急な需要増大も、事前に察知できたのではないでしょうか。

　実は、日本企業ではSCMなどまったく構築できていなかったのです。海外拠点の需要変動や先々の販売計画・見込の取得も、在庫実績や先々の在庫変動の見込も、情報として取れていなかったのです。

　仮に、そうした情報が取れても、グローバルに意思決定するSCM上の組織機能もありませんでした。 数か月前に海外拠点からもらった受注で、そのまま生産を続けたのです。

　結果、在庫が積み上がり、あわてて生産を止め、その後急に在庫が足

りなくなり、またあわてて無理に生産を再立ち上げするという、右往左往の体をさらしていたのです。

　多くの企業は最終顧客までを視野に、先読みしてリスク対応するなどといった姿勢はなく、目先の変動に振り回されただけでした。この時に反省をした企業の一部は、その後SCMの再構築に取り組んでいます。

　みなさんの会社はどうでしょうか。もし、海外や国内に販売会社があれば、先々の販売計画・見込や在庫見込を入手し、可視化しているでしょうか。販売代理店を通じて販売しているなら、販売代理店の先々の販売計画・見込や在庫見込を取得しているでしょうか。生産や調達の見産、リスクを確認しているでしょうか。

　組織を横断して、最終顧客までを可視化するのはSCMでは必須のことです。もし、できていないのであれば、今すぐ改善すべきです。

■ グローバル化の進展が　SCMをあらためて必要としている

　その後、円高や海外市場の進展、国内市場の低迷、国内労働者の不足などにより、海外販売比率や海外生産比率が高まっていきました。

　グローバル化の進展により、海外でのモノの行き来が激増しました。**グローバル取引を視野に入れたSCMの構築ニーズが高まった**のです。

　海外で発生した事象や起きつつある不確実な事象は、迅速に、かつ確実に情報を取得し、リスクを先読みし、計画的な対応をしなければなりません。SCMで対処すべき不確実性には、さまざまなものがあります。

▪ 不確実性の増大①：急な需要変動の発生

　リーマンショックに限らず、急な需要変動の発生も起きるようになりました。米中貿易戦争、新型コロナウイルスのパンデミックといったことも起きました。台風やハリケーン、洪水、地震などの災害も増えました。

　こうした事象により需要変動が起き、その結果、先々の需要が読みに

くくなり、不確実性が増しています。

　需要が不安定になることで、サプライチェーン全体への波及リスクを読まなければならなくなったのです。**先々の需要を読むために、販売の実績、計画・見込を迅速に取得し、需要変動に備えるSCMが必要**なのです。

▪不確実性の増大②：生産・調達の制約条件の高度化

　生産や調達の制約もきつくなりました。ハイテク部品の供給元が限られ、部品の取り合いが起きています。競合他社の増産による買い負けを避ける必要性が出てきました。**優先的に部品を供給してもらうためには、サプライヤー（供給業者）との緊密な連携が必要**です。

　また、天然資源を原材料として調達している場合、天候による影響で調達に困難が生じる場合があります。気候変動が激しくなり、洪水や日照りなどにより原材料の取り合いも起きています。

　安定的な調達を行うためにも、複数サプライヤーからの供給を確保したり、買取りを保証したりしなければなりません。**サプライヤーをパートナーとして緊密に連携するSCMの構築が必須**です。

▪不確実性の増大③：あらためて物流が制約条件になりつつある

　国内では長期的なドライバー不足、トラック不足で物流が大きな制約になっています。海外では、米国西海岸の港湾ストや中国の成長による船舶輸送能力のひっ迫もありました。

　国内では、トラック業者との長期的な連携が必要かもしれません。さらに進めて、物流体制を改変し、自社物流に切り替えていくことや競合企業と共同輸配送を構築することなども考えなければならないかもしれません。

　海外で事件が起きたり、その事件が長期化したりして物流に影響するようなときは、その動きを察知し、即対応をしなければなりません。輸送ルートを変える、複数船舶を先行予約する、スポット輸送を選べる**柔**

軟な物流管理組織も必要です。

　SCMとは、単に目先の業務の効率化だけでなく、リスクを読んで、先々の事業体制を変えていく役割も担っているのです。

■ 全体最適化や現在と未来の不確実性への対応が SCMの真骨頂

　グローバル化の進展と不確実性の高度化により、最終顧客への販売から原材料の調達、物流まで視野を広げ、全体を最適にマネージし、コントロールする必要性が増しています。

　しかも、今起きていることへの迅速な対応だけでなく、先々に起きるであろう未来のリスク予想を行い、先読みしたリスク対応も必要になります。

　SCMとは個別組織の個別最適化でもなければ、今起きていることへの条件反射的な対応を指向するものではなく、サプライチェーン全体の最適化を目指し、現在と未来の不確実性に備えることなのです。

　たとえば、米中貿易戦争と新型コロナウイルス・パンデミックに直面した際、中国での生産や調達が困難になっていくリスクが想定されたとしましょう。緊急避難的に生産・調達先を変えるのもSCMですし、長期展望で生産拠点の変更や国内回帰、サプライヤーの複数化や切り替えを計画的に対処していくのもSCMなのです。

　短期・長期の時間軸で、全体最適と将来リスク対応を行うにも、販売や生産、調達がバラバラに動いていては、まともな対応ができるはずもありません。SCMとして統合的な業務と組織が必要なのです。

> グローバル化の進展と不確実性の増大によりSCMの再構築が必要

**グローバル化
の進展**

**不確実性
の増大**

世界中の需要と供給の
マネージ＆コントロールが
必要に！

未来のリスクの可視化と
リスク対応の意思決定が
必要に！

**SCMの再構築が
必要に**

- 最終顧客への販売から原材料の調達、物流まで視野を広げ、
  全体を最適にマネージし、コントロールする

- 今起きていることへの迅速な対応だけでなく、先々に起きる
  であろう未来のリスク予想を行い、先読みしたリスク対応

SCMの目的は
ムダをなくして儲け続けること

ムダをなくして儲け続けることで連結利益の最大化・永続化を狙う。

SCMの目的

前項で、グローバル化の進展と不確実性への対応の必要性からSCMが再注目されていることを述べました。こうしたことへの対応として、SCMは有効な道具です。

しかし、必要性に対応しているだけでは、SCMは一過性の活動になってしまいます。SCMは、目的をもって継続される企業活動です。SCMは何のために行われるのか、ここで確認してみましょう。

SCMの目的は、「ムダをなくして儲け続けること」です。**ムダがあると、コストが上がって、利益が減ります。**

たとえば、必要のない製品を作って、売れない状況はどうでしょう。まさに「ムダ」ですね。ムダな生産は、在庫の滞留になり、その間の保管費用などが「ムダ」にかかってしまいます。そのうえ、生産したモノが売れないとなると廃棄になり、それまでにかかった製造コストもすべて「ムダ」になります。

売れなければ、使ったコスト＝お金が回収できず、外部に流出しただけになります。売上も上がらず、お金も回収できず、企業の利益が減ります。**ムダがある企業は儲けが少ない**ということです。

企業として、**ムダをなくすこととは売上・利益を増やすこと、儲けを出すこと**です。ムダなく、効率的に生産・調達し、タイムリーに売っていけば、それだけ売上・利益＝儲けが蓄積していきます。**ムダをなくし、繰り返し儲けを生み続けることがSCMの目的**です。

▌SCMは連結で収益の最大化・永続化を目指す

売上・利益＝儲けは、総称して「**収益**」といいます。SCMは**収益の最大化と永続化を目指します**。一時的な収益の最大化ではなく、永続的に収益最大化を実現し続けることを目指すのです。

また、SCMでは「**全体最適**」という言葉が使われますが、この場合の「全体」とは、**サプライチェーンを横断した「連結」対象の企業、つまりグループ企業全体**のことです。

個別企業の収益を最大化するのではなく、連結対象の企業グループ全体の収益の最大化と永続化を目的にするのです。一部の儲けが全体の儲けを損なうことは多いです。

特に現代では、企業の評価は連結で行われます。個別企業を単体で評価することを「単体評価」といいますが、単体でいくら収益が高くとも、グループの他の単体企業の収益が低ければ、グループ連結での収益性に黄色信号が灯り、永続性にも疑問符がつきます。

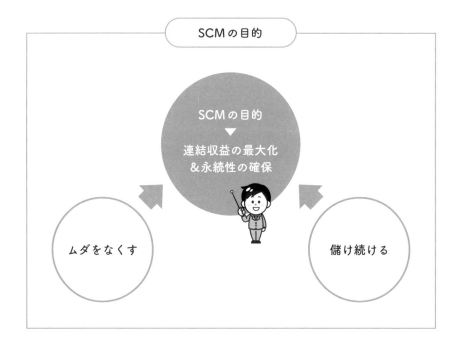

SCMの目的

SCMの目的
▼
連結収益の最大化
＆永続性の確保

ムダをなくす

儲け続ける

　たとえば、工場は生産量が多くて儲かっていても、営業組織や販社に在庫が山積みであれば、いずれそのグループ企業はダメになります。あるいは、日本国内のグループ企業は儲かっていても、海外グループ企業が赤字といった状態では、いずれグループ全体で、儲かっていない海外企業を支援しなければならなくなります。

　こうしたことは多くあり、企業のごく一部で儲かっていても、全体で儲かっていなければ、その企業の連結での儲けはなく、永続性に疑問符がつくのです。

　グループ企業を横断して、原材料業者から最終顧客までを視野（スコープ）に入れて、すべての連結対象企業やグループ企業の連結収益を最大化させ、永続性を担保することがSCMの最大の目的なのです。

■ SCMの視野（スコープ）は 流通チャネルとサプライヤーにも拡大

　連結対象のグループ企業の連結収益最大化を目指すSCMですが、その視野はグループ外にも広がってきています。

　SCMの視野（スコープ）が最終顧客への確実な売上の実現だとすると、最終顧客にモノを届けるまでの流通チャネルも視野に入れたSCMの構築が必要になってきています。実際、代理店・卸や小売業の販売状況や在庫をとらえて、情報を共有する製造業と流通業も増えています。

　原材料や部品を供給してくれるサプライヤーとの連携は昔から行われてきました。サプライヤーの在庫や生産計画を共有し、確実な供給を狙うことで、サプライヤーも含めた収益の最大化も意識されています。

　SCMは一部門の個別最適ではなく、サプライヤーから最終顧客までの企業群を合わせた全体での最適化を目指すのです。

SCM構築のフレームワークを手に入れる

サプライチェーンネットワークデザインと計画、実行、評価。

■ SCMの構築のためには、 フレームワークを持っていたほうがいい

　SCMとは、組織のカベを越えた業務・システムの構築になるため、全体観を持った構築が必要になります。今まで、多くのSCMが狭い視野で対処療法的に構築され、それがSCMと勘違いされてきました。

　SCMとは、組織間のモノの流れをコントロールする業務機能と情報の流れのメカニズムなのです。

　メカニズムを積み上げ式に作っていては、まともなものはできません。<ruby>整斉<rt>せいせい</rt></ruby>とした情報の流れ、指示の流れ、モノの流れを作り上げるためには、きちんとした設計が必要です。設計をするというのは、一種のモデル化であり、モデルを作るのであれば、行き当たりばったりではいけません。きちんと枠組み＝フレームワークを持って設計し、構築しなければなりません。

　それでは、SCMを設計・構築するためのフレームワークを説明しましょう。

■ SCMのインフラになる サプライチェーンネットワークの設計・構築

　SCMという業務を行う前に、その土台には、コントロールの対象となるモノの流れがあります。

　生産拠点、サプライヤーの拠点、販売拠点、拠点間をつなぐ倉庫や輸

配送の物流のネットワークがあります。一般には「**物流ネットワーク**」とか「**ロジスティックスネットワーク**」といわれます。

そうしたネットワークだけでなく、サプライチェーンのネットワークを作るにあたって、考え方を整理するモデル化の手法もあります。

生産方式や**在庫の配置方針**などです。**生産方式とは、見込生産か、受注生産かといった生産の方法**です。見込生産の場合は、完成品である製品在庫を補完する倉庫が必要です。受注生産では、受注してから調達し、生産し、顧客に出荷します。

生産方式によって、工場・倉庫配置、販売拠点の配置、拠点に関わる物流ネットワーク、各拠点への在庫の配備の仕方が変わるのです。

こうした**サプライチェーンそのものをデザインするためのフレームワーク**があります。これを知っておくと、顧客への高いサービスレベル提供になる倉庫配置や生産方式が検討できます。同時に、かかるコストを抑制する方法も考えられます。

サプライチェーンネットワークデザインの実践的な手法は、本書で詳しく解説していきます。

■ 業務・システムは、計画、実行、評価の視点で 設計・構築する

サプライチェーンネットワークができれば、そのネットワーク上のモノの流れをコントロールする業務・システムの設計・構築が必要になります。

SCMの業務・システムは、計画、実行、評価の視点で組立てられます。まさにPDCA（Plan-Do-Check-Action）のプロセスそのものです。

「なんだ、PDCAなら知っている」などとタカをくくらないでくださいね。多くの企業では、実態としてPDCAがまともに動いてないのです。驚かれるかもしれませんが、事実です。

計画、実行、評価の業務プロセスがうまく組み立てられていないから

こそ、SCMがまともに動かないのです。本書で、実践的なSCM業務・システムの構築を解説します。

SCM構築のフレームワーク

P 計画業務
サプライチェーンを
マネージ＆コントロー
ルする計画管理を行う

- 中期計画/予算
- 計画業務
  需要予測/需要計画
  在庫計画/仕入計画
  生産計画/調達計画
- 購買企画・計画

マネジメント・
エクセレンス
（確実な収益の実現）

D 実行業務
サプライチェーン上の
実行指示と
実行管理を行う

- 販売
  （受注/物流/輸出）
- 生産
- 調達
  （発注/物流/輸入）

オペレーション・
エクセレンス
（効率化）

C 評価業務
管理指標を定義、
見える化し、
改善を促進する

- 管理指標設定
- 管理指標の測定/
  評価
- 改善指示

ビジビリティ
（可視性）

サプライチェーンネットワークデザイン

供給性を担保し、原価低減を実現する
サプライチェーンのインフラを設計する

生産方式、拠点配置、物流ネットワーク、在庫の配備

永続的なコスト競争力と供給力の担保

SCMはなぜ
会社の競争力になるのか？

SCMはお客様の要望をかなえ、関係性を永続化する

SCMはお客様サービスレベルを向上させ、売上・利益を増大させる。

■「作れば売れる時代」は終わったが、モノがなければお客は離れる

Section 0で述べたように、今は「作れば売れる時代」ではありません。モノ余りです。

モノ余りといっても、消費者の「欲しいモノはすぐ欲しい」という意向がなくなったわけではありません。ネット販売では、手元に届くまでにかかる日数の短縮が競争になっています。消費者は気まぐれです。欲しいモノがなければ、他のところで購入します。

多くの商品がどこでも手に入るようになりました。どこでも簡単に手に入る商品は「**コモディティ化**」したといいます。

コモディティ化した商品は、店舗やネットに買いに行った時点で在庫がなければ、他の売っているところで買えばいいのです。

製造業では、常に生産のタイミングに必要な部品や原材料があることがよいとされています。在庫は最低限にして、タイムリーに調達する価値観が浸透しています。この価値観を体現した管理が「**ジャストインタイム**」です。

「**ジャストインタイム**」は、**欲しいタイミングに欲しい部材が欲しいだけ手に入り、在庫を持たないで済む生産の管理方式**です。自動車メーカーで一躍有名になった手法です。

SCMはなぜ会社の競争力になるのか？ Chapter 1

■「今すぐ欲しい」にこたえるためのSCM

小売業や直接消費者に製品を売っている製造業は、**消費者の「今すぐ欲しい」にこたえるためのSCMを構築すれば、それだけ競争力になります**。同じような商品を扱っているのであれば、すぐ手に入ると売り逃し（販売機会損失）がなく、売上に貢献できるのです。

したがって、**店舗がある小売業では在庫販売が必須になります**。在庫はあればあるだけ有利です。品揃えと確実な在庫が、買いに来るお客様へのサービスになります。

ただし、売れない在庫を抱えるのはNGなので、在庫管理が重要になるわけです。売れる商品は常に在庫し、なくなったらすぐ補充するのです。逆に、売れない商品は在庫しないというきめ細かい管理が必要になります。

こうした**きめ細かい管理が重要な業界が小売業**です。コンビニやスーパー、ドラッグストア、ファストファッションを謳うアパレルなどがその典型でしょう。

■「タイムリーに必要なモノがあれば十分」なSCM

常に在庫を持つのではなく、タイムリーに必要なモノがあれば十分な業界もあります。**製造業はその典型**です。生産計画に合わせて、生産タイミングで在庫があればよいのです。

■ 供給性を高めてサービスレベルを上げ、お客様を逃がさない

買う側の要求は、「すぐ欲しい」「タイムリーに欲しい」です。こうした要求を満たすことを「**サービスレベルを上げる**」といいます。お客様の**即納要求（すぐ欲しい）、納期遵守（タイムリーに欲しい）**をかなえることで、売る側はお客様のサービス要求を充たし、お客様を逃がさないことで売上に貢献できます。

つまり、SCMの目的の1つは顧客へのサービスレベルを上げ、売り逃しをなくし、売上増大に貢献することなのです。

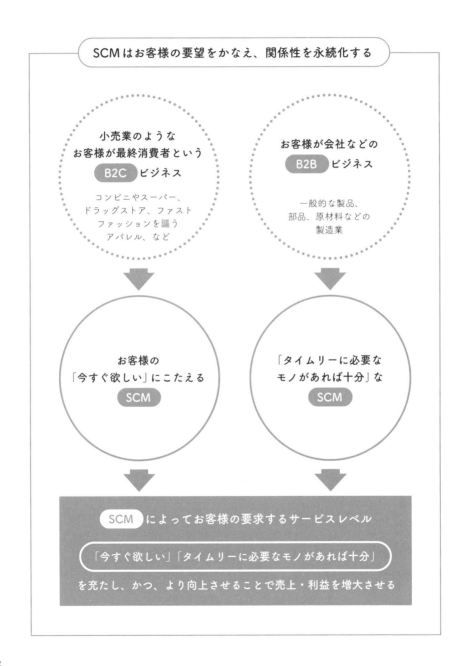

SCMはお客様の要望をかなえ、関係性を永続化する

小売業のような
お客様が最終消費者という
B2C ビジネス

コンビニやスーパー、
ドラッグストア、ファスト
ファッションを謳う
アパレル、など

お客様が会社などの
B2B ビジネス

一般的な製品、
部品、原材料などの
製造業

お客様の
「今すぐ欲しい」にこたえる
SCM

「タイムリーに必要な
モノがあれば十分」な
SCM

SCM によってお客様の要求するサービスレベル

「今すぐ欲しい」「タイムリーに必要なモノがあれば十分」

を充たし、かつ、より向上させることで売上・利益を増大させる

SCMは利益最大化と
在庫リスクを最小化する

SCMは業務を効率化し、利益最大化と在庫リスク最小化を両立する。

SCMは業務の効率化を生み出し、
利益を最大化させる

　SCMは、必要なモノを、必要な時に、必要な量だけ、必要な場所に届けることを実現する業務です。**タイムリーな供給を行うことが目的に**なります。タイムリーに供給するというのは、不要な調達や生産を行わないということです。つまり、**ムダな調達や生産を行わない**ということになります。

　ムダな調達を行わないことで、さまざまなコストが削減されます。

　まず、必要なタイミングで、必要な数量を調達するので、必要最低限の発注回数で済みます。その分、余計な入庫受入れの回数も減りますから、業務改善になります。また、余計な在庫を持たずに済むので、在庫の保管費用が減ります。また、在庫管理に関わる費用も減ります。

　生産も適正化できれば、製造コストも低減できます。適正な生産計画を立案し、人と設備を有効に使うのです。ムリな生産、ムダな生産、作ったり作らなかったりといったムラのある生産がないので、効率的に、かつ安定的に生産ができます。

　ムリな生産は、残業を生んだり、ムリな納入をさせたりすることで、製造コストの悪化を生み出します。ムダな生産はムダな在庫を生み、在庫滞留によるコストが生じます。もし、作った製品が売れず、廃棄になれば、せっかく生産に費やしたコストが全部ムダになります。

　ムラのある生産は、増産時は残業を生むだけでなく、減産時は人が余ったり、設備が余ったりして、その分のコストがムダになります。

SCMによって適正な生産を行うことで、効率的かつ適正コストでの生産が可能になるのです。

■ 在庫を適正化し、同時に調達がむずかしいモノの確保を行う

SCMは在庫を監視し、常に適正在庫の維持を心がけます。在庫が少なくなれば適切な調達・生産をし、在庫が過大になれば調達・生産を抑制して在庫を適正化させます。SCMでは余計な在庫を持たないことで、在庫が滞留するリスクを避けるのです。

一方で、調達がむずかしいモノまで在庫を極小化すると、いざ、必要なタイミングで手に入らないという事態をまねきかねません。そうしたモノはサプライヤーと相談して事前に交渉し、供給を保証できるように約束するのです。

たとえば、農産物を原料にする製造業であれば、収穫のよしあしにかかわらず買い取りを保証したりします。ハイテク部品なら、年間の購入数量を約束しながら、毎月情報を交換して、適正に生産し、供給できるように情報を共有しながら業務を連携させます。

SCMは在庫滞留・廃棄のリスクを下げるだけではなく、調達不能になるリスクも解消することが目的になるのです。

■ 売上・利益最大化と在庫適正化のバランスをとる

売上を最大化するには、タイムリーな供給を可能にし、そのために適正な在庫を保持することが重要です。しかし、売上至上主義で無尽蔵^{むじんぞう}に在庫すると、在庫リスクに見舞われます。逆に、在庫低減ばかりを目指すと、売上が落ちたり、ムダな緊急生産・調達が発生してコストが上がったりします。

SCMは売上・利益最大化と在庫適正化のバランスをとることが重要なのです。

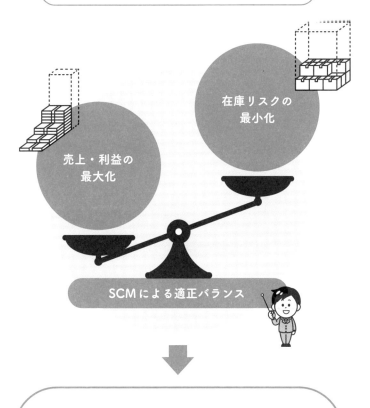

SCMは利益最大化と在庫リスクを最小化する

在庫リスクの
最小化

売上・利益の
最大化

SCMによる適正バランス

- 売上至上主義で無尽蔵に在庫すると、在庫リスクが増大
- 在庫低減ばかりを目指すと、売上が落ちたり、ムダな
  緊急生産・調達が発生し、コストが上がったりする

SCMにより、売上・利益最大化と在庫適正化の
バランスをとる

SCMは会社の変化対応力を強化し、経営に貢献する

SCMはサプライチェーン全体を可視化し、先読み経営を可能にする。

▍従来のPDCA管理は、目標・基準に合わせる統制でしかない

SCMとは計画であり、見込であり、結果を確認し、同時に先を見通すことです。時間軸でいうと、**過去（実績、計画予実）と現在の状況、未来（計画と見込）の可視化と管理を可能にします。**

従来、生産管理や経営管理などでは、「**PDCA**」という言葉が使われてきました。「P：計画」「D：実行」「C：チェック」「A：アクション」の略です。日本の製造業ではなじみのフレーズです。多くの生産管理の教科書では、改善サイクルとしてPDCAが使われます。

従来のPDCAでは、計画して結果を見て、計画と相違する差が生じた場合は改善を行い、計画で決められた目標・基準に合うように修正が加えられます。計画された目標・基準に合致するように統制をかけることで、計画通りに仕事を進めるのです。

生産管理などでいわれたPDCAは、すでに設定された計画、目標・基準に合致するように戻すだけで、大きなビジネス上の変化に対応できないため、**統制（コントロール）行為でしかなく、リスクに適応できない**のです。

▍従来のPDCA管理は、対応が遅く、変化に対応できない

また、**従来のPDCA管理は、過去の実績を見て対応することに主眼が置かれます。**設定された計画や目標・基準に合致しない場合、原因を

探り、過去に設定された計画や目標・基準に合致するように修正が加えられます。まるで、**バックミラーを見ながら、自分の軌道を確認し、修正を加えるようなもの**です。変化に対応することはできません。

また、予実差異を確認しながら、原因を追究して対策を行うので、検討して結果が出るまでに時間がかかります。そして、その結果が出てから、正しければOK、間違っていたら再検討になり、効果が出るまでに時間がかかります。もちろん、従来型のPDCAがわるいわけではありませんし、必要な改善スキルです。しかし、変化の激しい現代においては、これだけでは不十分なのです。

SCMはこうした結果管理に近い従来のPDCAだけでなく、**未来の計画に対する見込の推定と対応、計画そのものの変更をともなう、先読みし、未来に手を打つ手法**なのです。少し具体的に説明しましょう。

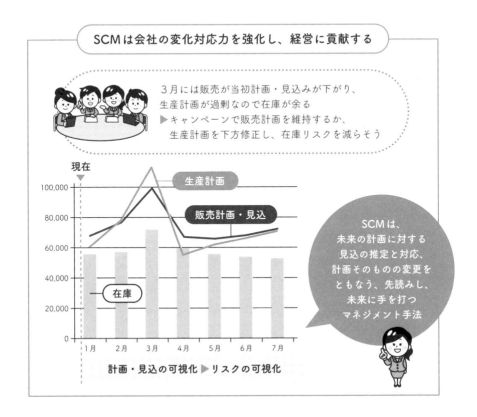

SCMは会社の変化対応力を強化し、経営に貢献する

3月には販売が当初計画・見込みが下がり、生産計画が過剰なので在庫が余る
▶キャンペーンで販売計画を維持するか、生産計画を下方修正し、在庫リスクを減らそう

現在

生産計画

販売計画・見込

在庫

100,000
80,000
60,000
40,000
20,000
0

1月　2月　3月　4月　5月　6月　7月

計画・見込の可視化 ▶ リスクの可視化

SCMは、未来の計画に対する見込の推定と対応、計画そのものの変更をともなう、先読みし、未来に手を打つマネジメント手法

■ 計画と見込の管理でリスクを先読みする①：販売リスク

たとえば、販売計画に対して、実績も未達成、さらに先々の販売も下降が想定されるとします。その場合、販売計画を下方修正する必要が生じます。あるいは、販売実績はそこそこよくても、明らかに将来販売の見込みが落ちると想定される場合もあります。

販売予算に対して販売計画が下がっていくと、会社の予算が達成できません。そこで、さまざまな拡販策を考え、キャンペーンを打つなどして販売計画を底上げするのです。

原因分析はしますが、改善ではなく、先々のコストをかけたり、投資をしたりして、未来に手を打つのです。しかし、どうしても販売計画の維持や底上げができない場合は、販売計画自体を見直します。計画や目標・基準を下げることも、従来のPDCAと違い、**P：計画そのものを変えることで対応する**のです。

■ 計画と見込の管理でリスクを先読みする②：生産リスク

生産活動にもリスクがついてまわります。たとえば、設備の調子がわるく、補修が必要になりそうな場合、生産を前倒しして在庫を積み増し、先々の設備保全ができるようにしたりします。あるいは、販売計画が上振れした場合、急な増産を想定して人を雇い入れたりします。

このようにSCMとは、**決められた計画、目標・基準を粛々と守るのではなく、先を見通して変動リスクに事前に対応すること**なのです。

■ 計画と見込の管理でリスクを先読みする③：調達リスク

調達のリスクでいえば、たとえば世界的な原材料や部品の品薄が予想されるなどの事態です。香料メーカーで必要なオレンジの不作やハイテ

ク企業での半導体の取り合いなどです。

　こうした先々のリスクが見えたら、事前に手配して原材料や部品を確保することを行います。リスクを可視化し、先読みした経営を可能にします。

▌SCMにより先読みすることで、資金計画ができる

　先読みすることで、**単に売上や利益の見込みが立つだけでなく、在庫の変動も想定できるようになり、先々の資金繰りも可視化できるように**なります。

　たとえば、多くの日本の製造業では、海外拠点が資金繰りに窮するケースがよくあります。多くの場合、先々の計画が可視化できておらず、仕入や在庫がふくらんで資金繰りが悪化するのです。先々の計画や見込を可視化し、**過剰な仕入、在庫を抑制することで資金繰り計画と合わせた「計画業務」**が可能になるのです。

▌SCMにより先読みすることで、投資判断ができる

　また、先々の販売の計画が見えれば、必要なタイミングで設備に投資したり、倉庫に投資したりできます。見込みや計画の上振れがどれほど続くかによって、短期・少額の投資で済ますか、大型の長期的な投資で臨むか、判断ができます。

　SCMとは、単にモノを作るだけでなく、売上とコスト、利益を推定し、資金繰りを可視化し、投資判断を行うという、まさに会社の現在と将来を可視化し、将来の収益性を確実にするマネジメント行為なのです。

SCM は組織横断・会社横断の 全体最適の体制を構築する

SCM は業務連携とシステムで組織をつなぎ、全体最適を果たす。

▌ 専門特化し、タコつぼ化した会社組織では 変化に対応できない

近代的な組織、特に会社組織は専門特化が要求されます。高度な対応を求められるため、組織機能の専門家が必要なのです。

たとえば、生産の専門家は、生産に関わる深い知識と経験、問題を解決していくスキルが必要です。こうした専門性を獲得するだけでも相当な期間を要するため、多くの場合は専門家として所属組織に長く配属になります。

そのため、その組織で長年育ってしまった人材は、他の組織の仕事や事情にうとくなり、所属組織の効率化を求めて、連携する他の組織からの要求をはねつけるようになっていきます。何か依頼されると、まるで依頼してくる組織がわるく、自分たちの組織が正しいとばかりに非難をし、協力を惜しむのです。まさに、タコつぼ、塹壕にこもって闘っているかのようです。

これでは、会社としてのスムーズな連携ができず、柔軟性を失い、顧客やサプライヤーに迷惑をかけることになります。

▌ 個別組織の評価制度が組織にカベを作っていく

また、組織の評価も個別に行われるので、組織で協力し合うことに意識がいかなくなります。所属組織の評価を上げるために、他組織に協力せず、ひたすら自組織の利益を追求することが主目的になっていきます。

　たとえば、営業が販売実績だけで評価されるとすると、急な生産依頼や生産キャンセルなどお構いなしで、製造コストを悪化させても知らん顔です。さらに営業に在庫責任がなければ、在庫が増えようとも知ったことではありません。売上目標だけ達成すればよいならば、生産コストがどうなろうが、在庫がどうなろうが、知ったことではないのです。なぜなら、製造原価が悪化しても、在庫が増大しても営業の評価に関係がないからです。

　このように、**評価が個別組織単位で区切られ、連携する影響が考慮されない組織では、評価の個別最適が追及され、柔軟性や安定性を失い、全体での利益や組織の総合力を奪ってゆく**のです。

■ 販売から生産・調達まで、組織のカベを取り払う

　こうした専門特化してタコつぼ化した個別組織を横につなぐのがSCMです。販売計画、製品在庫計画、営業の仕入計画、生産計画、調達計画は連動します。**組織間の利害や制約を調整しながら、組織前提での利益と資産の最適化を図る**のです。

　その際、個別組織だけの利害では判断できず、一部の組織では、苦労を背負い込む必要も生じてきます。営業の販売計画の上方修正を達成するために、生産が残業や休日出勤をしたりして、計画変更をする、あるいは、残った在庫を営業が売り切るために、キャンペーン費用を上乗せするといったことです。

　一時的に生産コストが悪化したり、営業の販管費管理費用が増大したりすることで、各組織の目標達成を阻害することもあります。それでも、会社として最大限の利益を追求できるなら、組織間のカベを越えて、意思決定します。**組織のカベを越えた意思決定を行うことがSCMなのです。**

■ 最終顧客、代理店からサプライヤーまで、
　会社のカベを取り払う

　SCM は社内だけでなく、関係する他の会社組織との連携も必要です。販売であれば、小売業、代理店との連携、最終顧客との連携が必要なケースもあります。

　たとえば、オムツなどの消費材のメーカーなら、代理店に在庫があるため、代理店の在庫が滞留していたり、過少になっていたりすると、製造業側に変動が起き、大変になります。同様に小売店のキャンペーンが、代理店にも製造業にも影響する可能性もあります。**こうした、流通組織との計画的な連携と計画の予実や在庫状況の可視化・共有は、確実な供給と安定的な生産に必須なこと**なのです。

　また、**サプライヤーとの連携も重要**になります。サプライヤーの生産能力に制約があったりする場合は、急な増産ができないので、事前に在庫を積んでおくように計画連携するなどの措置が必要だったりします。サプライヤーは平準化した生産ができて助かる反面、在庫の負担に耐えられないこともあります。その場合、仕入側で買い取りの検討をしなければなりません。一時的に仕入側の財務は悪化しますが、確実な仕入品の確保ができ、サプライヤーも安定生産できるのです。

　このように、**最終顧客からサプライヤーまでと連携し、会社のカベを取り払うことで、サプライチェーン全体にわたって利益を追求し、リスクは負担配分することで、全体収益の向上とリスク対応、柔軟性の獲得を行うことができる**のです。

■ 個別最適、全体最適とは何か？

　SCM は組織や会社のカベを越えて連携し、個別組織や一企業の利益を追求するだけでなく、全体で利益を追求する仕組みです。さらに、リスクをどこで吸収し、変化対応力を確保するかといった意思決定でもあります。一組織だけでは負いきれないリスクを、負担できる組織で分担

することで、全体に貢献します。

　個別組織の利害だけで動くと、対応がいとわれ、柔軟性も失い、結果、獲得できた売上・利益を失い、ムダな対応と余計な在庫を生み、収益と資金繰りを悪化させるおそれがあります。

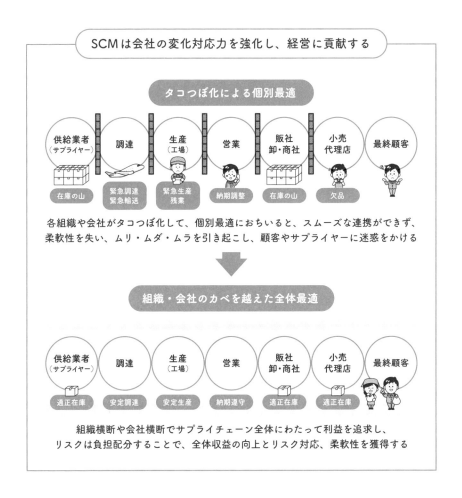

　SCMの全体最適とは、組織横断や会社横断で、売上・利益の最大化、ムリ・ムダ・ムラの排除と業務の安定化、在庫リスクの最小化を目指し、サプライチェーン全体で利益とリスクをシェアするマネジメント手法なのです。

リーマンショックでは、SCMは構築できていなかった

SCMができていれば、リーマンショックのような変動にも対応できた。

　2008年に起きたリーマンショックは、世界中のモノの販売が落ち込み、港に貨物があふれて輸出ができなくなり、生産がストップしました。急な生産ストップで製造業は大変な業績の落ち込みを経験したのです。

　しかし、当時、欧州パリバショックやリーマンに先立つサブプライム危機で売上鈍化はわかっていました。先々の販売が落ち込み、国内外の販社や営業の販売計画を下方修正し、生産を抑制することも可能だったのです。しかし、多くの製造業ではそうしませんでした。

　当時、私は複数のSCMプロジェクトに関わっていましたが、企業内から聞こえてきた声は、「販売計画は下げず、海外からは3か月先の注文があるから生産は継続する」「海外の販売計や仕入計画は変わってない」「生産を落とすと生産予算が徹底できない」ということで、生産継続し、惨事となりました。

　つまり、サプライチェーンの下流にあたる販売側の計画・見込みが見えていなかったのです。あるいは、見えていても、組織横断で判断せず、生産の都合だけで生産継続し、全体最適での判断はされませんでした。もし、SCMが構築できていれば、販売の見込を視野に、販売計画の下方修正の可否、生産計画の下方修正の可否が判断され、より温和な対応ができたはずです。

　リーマンショックは100年に一度の惨事といわれましたが、SCMが構築できていれば国境を越えて可視化し、リスク対応ができたと思います。

SCMのネットワークデザインを
武器にする

サプライチェーンネットワークデザインが競争力を永続化する

会社戦略に合致したサプライチェーンネットワークをデザインする。

■ 自然発生的なサプライチェーンネットワークでは時代遅れに

　お客様にモノを届けたり、仕入れたモノを自社の倉庫に引き取ったりするモノの流れが「**サプライチェーンネットワーク**」です。サプライチェーンネットワークは、たとえば地方にある工場から首都圏のそばの倉庫にモノをトラックで運び、そこから各店舗に配送するといった**生産拠点や倉庫、販売拠点、最終顧客までの流れ**を指します。

　ビジネスの拡大に応じて、時代に合わせてサプライチェーンネットワークは再構築されてきました。状況に合わせて構築してきた会社が多く、意識的にネットワークをデザインしたというより、拠点配置や実務的な事情に合わせてデザインされてきたというケースのほうが多いでしょう。与えられた状況に合わせて構築されたため、試行錯誤を繰り返し、自然発生的に当時の状況に最適化した物流のネットワークというわけです。**一度構築すると、モノの流れはなかなか変えられません。**状況に合わせて作ってきたサプライチェーンネットワークが硬直化し、時代に合わなくなってきて足かせになっています。

■ 物流が強力な制約条件と競争要因になってきた

　物流は強力な制約条件になりつつあります。国内ではドライバー不足で、物流コストが高額化し、輸配送そのものが成り立たないおそれさえ出てきています。海外輸送も、船や飛行機の取り合いです。

　一方で、物流が大きな競争要因にもなってきています。アマゾンの登

場により、最終顧客まで個別配送を行うことが強みになり、店舗での引取りや持ち帰りを凌駕しつつあります。結果、店舗での購入ではなく、ネットでの購入が大きな市場を生み出しているのです。

　こうした**最終消費者向けの「B2C市場」だけでなく、ビジネス間の取引である「B2B市場」でも、物流は競争要因になっています。**タイムリーに届けることは当たり前、共同配送や小分け納入、期限管理などの**モノを運ぶ以上の付加価値も求められています。**物流の制約条件を上手に解消し、サービスレベルを向上させた会社がお客様に評価され、継続的な購入を勝ち取ることができるようになってきたのです。

▌競争力に影響するサプライチェーンネットワークデザイン

　このように、**サプライチェーンをどのようにネットワークデザインし、提供できるサービスレベルや輸送方法を定義していくのか**というテーマが、会社の競争力に影響するようになりました。

　今ある拠点や今までの輸配送方法を、顧客へのサービス指向で変え、同時に輸配送の制約をなくし、コストを抑制したサプライチェーンを構築した会社が評価され、ビジネスを永続できるのです。

▌コスト構造を決定するサプライチェーンネットワークデザイン

　また、**一度構築されたサプライチェーンネットワークはコスト構造を決定します。**たとえば、工場を市場のそばに作るのか、遠くに作るのかで製造原価や輸配送コストが決まってきます。生産拠点の生産コストは現地への調達コストや現地の人件費で変わり、市場への輸配送コストが合算され、販売の仕入原価となっていきます。

　サプライチェーンをまたがって蓄積されるコストは、ビジネスが行われている間ずっと積み上げられるので、いかに効率的なコスト構造をデザインできるか、また、適時再構築できるかが重要です。たとえば、かつては人件費が安かった中国などでも今では人件費が上がっており、以

前ほどのコスト競争力を持ち得ていません。さらにコスト低減を求め、ベトナムやバングラディッシュなどに工場を移す企業も増えました。一方で、人件費の安さはあるものの中国からの輸送費よりもコストが上がるのであれば、コストの増減をトータルで見なければなりません。

■ リスク低減を決定するサプライチェーンネットワークデザイン

適切なサプライチェーンネットワークはリスクの低減にもなります。 たとえば、北米に対し、西海岸荷揚げと東海岸荷揚げを行っていた会社では、西海岸での港湾スト時に東海岸から荷揚げした製品を西に運ぶことで販売機会ロスを回避しました。一方、西海岸からしか荷揚げできないネットワークを構築していた会社は、いつまでたっても荷揚げできずに欠品、販売機会をロスしていました。

他の例では、輸送サイクルが多い国での生産を選ぶ、海運と空輸が選択できる、複数倉庫からの供給ができる、複数のサプライヤーから仕入れるなど、サプライチェーンネットワークのデザインによってリスク低減できることもあるのです。こうしたデザインは、必要以上のリスク対応をしてしまった場合、ばく大なコストがかかることもあるので、コストと利点（ベネフィット）も勘案し、戦略的に行う必要があります。

物流が強力な制約条件と競争要因になった

**従来の
サプライチェーンネットワーク**

**自然発生的な、状況対応型の
サプライチェーンネットワーク
デザイン**

かつての「作れば売れる」時代に合わせて、状況対応的に作り上げてきたネットワーク

物流が強力な制約条件と競争要因に

● ドライバー不足などが制約条件に
● 戦略的な物流をお客様が評価
● コスト構造が決まり、コスト競争
　力に影響
● 需要変動や災害などのリスク対応
　が必須

戦略的、かつ意図的なサプライチェーンネットワークと物流形態が供促力に直結

サービスレベルを上げる
倉庫の階層化と在庫の層別配置

倉庫と在庫の層別によりメリハリのついた在庫配備を行う。

競争力に直結するサービスレベルに影響する 「倉庫の層別配置」

　倉庫の配置は、お客様に対するサービスレベルに直結します。お客様の近くに倉庫を置けば即納できますから、お客様の「すぐ欲しい」にこたえることができます。また、すぐ届くので、お客様もあまり在庫を持たずにビジネスができます。お客様にとって利点があるので、重宝がられます。**お客様の近くの倉庫は「デポ倉庫」と呼ばれたりします。**

　一方、会社としてはなんでもかんでもお客様のそばのデポ倉庫にモノを置いておくとばく大な在庫になることもあり、めったに出ないモノを置いておくための「**地域センター倉庫**」や「**工場側センター倉庫**」を設けたりします。

　デポ倉庫はお客様の近くにあるため、小規模で、かつお客様に合わせて多くの倉庫があったりします。一方、地域センター倉庫や工場側センター倉庫は、めったに出ないモノを保管し、同時に、下流にあるデポ倉庫への供給基地になります。たとえば、東日本センター倉庫に対し、関東や東北にデポ倉庫を設けるといった具合です。

　必要に応じて配下にあるデポ倉庫にセンター倉庫から補充したり、お客様に直送したりします。センター倉庫からの補充や直送は、デポ倉庫からの即納に対し、それなりに時間がかかります。サービスレベルは落ちますが、サービスレベルが落ちてもよいモノが置かれたりします。

　このような倉庫を層別し、配置することでサービスレベルをコントロールして競争力を維持しつつ、在庫の増大を防ぎます。

品目特性に応じた在庫配置の層別

在庫の増大を防ぎ、適切に配置するために、**品目も特性に応じて「どの倉庫に配置すべきか」**定義します。層別された倉庫に対する**在庫の層別配置**です。

在庫を層別配置するためには、在庫すべき品目の特性に応じて分類をします。検討すべき項目は多様です。お客様の要求リードタイム、出荷頻度、お客様の必須度合い（クリティカリティー）、重量、温度、形状、温度、使用期限などを検討し、どの倉庫に配置すべきか検討します。

たとえば、お客様の要求リードタイムが即納の場合は「デポ倉庫」、3日くらいなら「地域センター倉庫」、1週間なら「工場センター倉庫」といった配置方針になります。また、出荷頻度も影響します。毎日出荷するならデポ倉庫に置いてもよいが、月に1回も出荷されないといっためったに出ないモノをデポ倉庫に置いても滞留して倉庫スペースを占有してムダなので工場センター倉庫に置く、といったことです。

さまざまな検討項目がありますが、詳細に検討しても運用がむずかしいので、簡易に分析ができる項目で検討したほうがよいでしょう。

直送の選択と在庫配置の倉庫連携の選択

めったに出ないモノでも、お客様の要求リードタイムが短いものは**お客様直送**を行います。その際はデポ倉庫などには配置しません。また、「工場センター」⇒「地域センター」⇒「デポ倉庫」と、上流から下流に向かって補充しながら運用するモノもあります。上流になるほど取りまとめの倉庫で、下流倉庫に対する補充責任を負うといった配置です。

ライフサイクルに応じた在庫配置で 製品・サービスパーツの在庫を適正化

製品ライフサイクルに応じた配置も、ビジネスに応じて検討する場合もあります。販売開始直後はデポにもセンター倉庫にも在庫を積み増し、

終売間近のライフエンドではデポ倉庫には置かず、センター倉庫にしか
在庫配置せずに在庫を減らすことで売れ残りリスクを減らします。

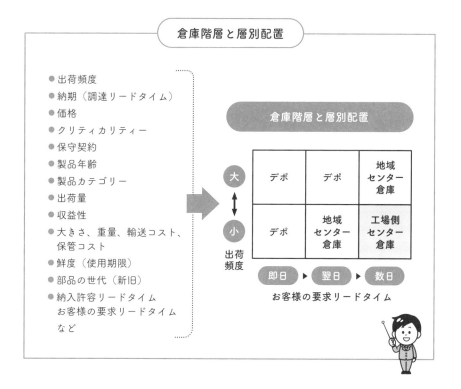

製品だけでなく、**修理用部品などのサービスパーツもライフサイクル
配置を行う利点があります。**製品の発売直後からサービスパーツを積み
増す会社もありますが、故障が起きていないのに在庫を長期に持つ意味
はあまりないでしょう。初期故障分の在庫などは工場センター倉庫に置
き、故障が起きてきたら地域センター倉庫やデポ倉庫に置くことで在庫
負担をコントロールします。製品そのものが市場から少なくなり、アフ
ターサービスがなくなってきたら、デポ倉庫の在庫をセンターに引き上
げることで、全体の在庫数を絞り、売れ残りリスクを低減します。

　製品もサービスパーツもライフサイクルに応じた配置を検討すること
で、在庫を適正にコントロールできる余地がかなりあると思います。

生産方式の選択で
競争力強化と在庫リスク低減を両立する

生産方式に適合した受注分界点（デカップリングポイント）の定義。

■ デカップリングポイントとは何か？

サプライチェーンネットワークで、在庫の配置と並んで重要な項目に
「**デカップリングポイント**」があります。デカップリングポイントとは、
「**受注分界点**」という意味です。受注分界点とは、**受注を受けた際に製**
品や部品を引き当てて、お客様の要求した仕様に合わせて製造、または
出荷する在庫ポイントです。

デカップリングポイントは生産方式と関係します。生産方式とは、「**見**
込生産」や「**受注生産**」などの生産の方法です。

たとえば、「**見込生産**」は需要予測や販売計画にもとづいてあらかじ
め生産して製品在庫を積んでおくことです。見込生産の場合、デカップ
リングポイントは「**最終組立生産のあとの製品在庫**」ということになり
ます。このとき、製品の仕様はすでに決まっていて、お客様仕様での出
荷はせいぜい納期調整や包装仕様を変える程度です。

一方、「**受注生産**」は受注してから原材料や部品（部材）を調達して
生産します。受注により、お客様の要求仕様が固まり、必要な部材を特
定して調達し、仕様通りに生産して出荷します。受注生産の場合、生産
能力を計画しておきます。また、長納期の部材に関しては事前に予測や
計画にもとづいて調達しておきます。

受注生産には、「**受注組立生産**」のように、サブ組部品（中間部品や
モジュール部品のように途中まで組み立てたり、加工したりした部品）
を事前に準備して受注で最終組立する生産方式、簡単な仕様の変更を受
けつけて生産する「**受注仕様組立生産**」のような形態もあります。

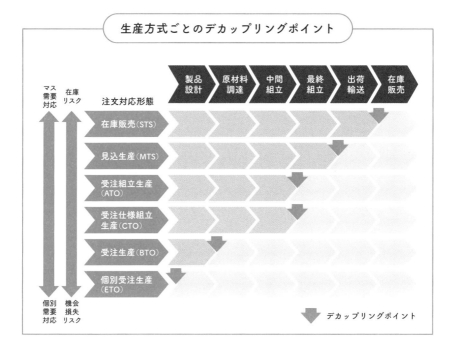

「**個別受注生産**」は、お客様の仕様検討から入り、設計を通じて仕様が決まります。設計が決まってから部材を調達し始めます。

見込生産はMTS（Make to Stock）、受注生産はBTO（Build to Stock）、受注組立生産はATO（Assemble to Order）、受注仕様組立生産はCTO（Configure to Order）、個別受注生産はETO（Engineering to Order）と略されます。生産方式とはリンクしませんが、在庫販売用に在庫していくことを「**在庫販売用在庫**」としてSTS（Sell to Stock）ということもありますが、言葉としては、あまり使われることはありません。それぞれのデカップリングポイントは上図の通りです。

生産方式を選択することで
サービスレベル向上とリスク低減を両立する

生産方式を選ぶことは、デカップリングポイントを選ぶことになります。デカップリングポイントにより、**お客様に対するサービスレベルと**

在庫リスクが決まってきます。

　たとえば、見込生産を選んだ場合、お客様は比較的短時間で発注したモノが手に入ります。受注、出荷して輸配送するリードタイムでモノが届くからです。受注生産の場合は、受注後に部材調達して生産するので、調達、生産、出荷、輸配送のリードタイムがかかり、見込生産に比べてお客様がモノを手に入れるリードタイムが長くなります。**お客様へのサービスレベルでは、見込生産のほうが受注生産よりも高い**ということになります。

　しかし、見込生産の場合は需要予測や販売計画によって在庫を用意しておくため、在庫の資金負担が生じます。また、もし予測が外れたり、計画通りにモノが売れないと在庫が長期滞留したり、売れ残ったりといったリスクが生じます。

　在庫リスクの点でいえば、受注生産は製品在庫もなく、一部の足長部材を除いて部材も受注により調達するので、在庫のリスクが低くなります。**在庫リスクでいえば、見込生産よりも受注生産のほうが低い**のです。

　一方、受注生産はお客様の受注を受けてから生産するので、お客様に届けるためのリードタイムが長くなります。見込生産に比べて、受注生産では在庫リスクが低くなる半面、サービスレベルが悪化するのです。

　このように、お客様に対するサービスレベルと在庫リスクは背反の関係にあります。**サービスレベルと在庫リスクをバランスさせてデカップリングポイントを選ぶことで、企業競争力の強化とコスト・リスク低減が狙えます。**

　その際のポイントは、やはり「層別」です。お客様やモノによって、見込生産がよい場合と受注生産がよい場合を選べる場合もあります。たとえば、大量に売れる品目は見込生産、めったに売れず、また、お客様の仕様に合わせる品目は受注生産といった、**デカップリングポイントの層別選択を行います。**

　また、業界によって固定観念が強く、デカップリングポイントが慣習的に固定的になっている業界では、**デカップリングポイントを再設定**

することで競争優位を獲得できるケースもあります。古い例ではコンピュータ業界のデルです。デルは見込生産が普通だったコンピュータ業界に受注生産モデル（当時デルモデルと呼ばれた）を持ち込み、競争優位を築きました。

■ 自社のデカップリングポイントを設定する

　変化に応じて、自社のデカップリングポイントを再設定することは、競争優位を確立する手法として非常に有効です。私の知る業界でも、受注生産を見込生産に変えることで業界最大企業になった会社もあります。

　日本は「在庫は悪」という思い込みがありますが、在庫化することでビジネスが飛躍するケースもあります。No.1企業が見込生産を行っているのに対し、競合たちはいまだ受注生産を謳っていて、顧客の即納ニーズにマッチしたNo.1企業に今では売上規模や資金力で太刀打ちできなくなっています。

　あるいは、硬直的なデカップリングポイントが会社のビジネスをダメにするケースもあります。中国工場で受注生産をしていた会社ですが、中国工場が以前ほど柔軟な調達・生産ができなくなり、納期遅延や欠品を繰り返すようになりました。検討の末、見込生産の計画生産で香港倉庫に在庫を積むことで、安定生産と確実な供給を可能にしました。

　また、見込生産が当たり前の業界で、受注組立生産を導入し、製品在庫滞留を避け、同時に最終組み立てを行って即出荷することでリードタイムの長期化を抑制し、お客様へのサービスレベルを下げずに在庫リスクを大幅に下げた例もあります。

　デカップリングポイントは固定的なものではなく、会社の意思によって再設定できます。自社の競争力強化・維持と在庫リスクのバランスを最適化し、競争優位を生み出す手法としてデカップリングポイントのデザインは重要な検討要素になります。

生産と調達のマルチベンダー化は
リスクとコストのバランス

生産拠点と調達先の複線化によるメリットとデメリット。

▌生産拠点の複線化のメリットとデメリット

生産拠点の複線化（マルチベンダー化）は、**同一製品を複数の工場で生産できるようにすること**です。生産拠点のチェーンネットワークを複線化することのメリットは「**リスク低減**」です。

販売が急に増えて生産がひっ迫した場合、1つの工場でしか生産できないと、供給が滞って、欠品や販売機会ロスになります。欠品はお客様を逃がしてしまうため、大きな打撃です。こうしたときに、**複数の工場で生産ができれば、増大した需要に対する生産が可能です**。

また、1つの工場で、故障や事故等で生産ができなくなった場合、**代替の工場があれば生産が継続できます**。このように、生産拠点の複線化はリスク低減メリットがあります。

一方でデメリットもあります。**複数拠点での製造を成り立たせるために生じる設備の二重投資、業務やシステムを成り立たせるためのルール化や教育、システム機能の構築といった二重投資**です。投資や管理的な業務が複線化するため、資金が必要で、かつ、生産コストの増大をまねきかねません。

仮に生産の複線化を自社工場ではなく、外注工場を使って実現したとしましょう。それでも、自社で生産拠点を複数化するのと同等程度の投資や管理が必要になります。あるいは、自社工場よりもよりコストがかかることさえあります。**下請法対応で発注が変更できずにかえって硬直化したり、外注工場の収益を保護するために不要不急の生産を依頼した**

り、下手をすると自社生産を外注工場に出すことで、外注工場の稼働や収益を保証する羽目におちいることさえあります。

メリットはあるので、こうしたデメリットをどこまで許容・吸収できるか検討し、デザインすることが必要です。

▌ 調達先の複線化のメリットとデメリット

部材の調達先を複線化することも、生産拠点の複線化同様の**リスク対応ができる**というメリットがあります。**急な部材要求への対応、事故などの調達ひっ迫時の購入**といったメリットがあるのです。

しかし、生産拠点の複線化同様に、かえって複数調達先が足かせになることがあります。**下請法対応などで発注変更が困難、先々の調達を保証しないと供給できない**といったデメリットが出かねません。

また、**複数社からの調達になると、各社に調達数量が案分されて調達数量が減り、仕入価格が高止まりする**といったデメリットも生じかねません。

こうしたメリットとデメリットを天びんにかけて、調達先の複線化（マルチベンダー化）を検討します。

▌ 生産と調達のマルチベンダー化は、
自社SCMに高度な管理が要求される

生産や調達がマルチベンダー化すると、高度な管理が要求されます。複数の工場や調達先との計画の連携、各ベンダーの生産能力・供給能力制約の共有と調整が必要になります。また、準備した生産能力や供給能力が余る際の対応や補償も取り決めておき、実際の業務で取り決めたルール通りに対応していかなければなりません。

自社内の調整とあわせて拠点や他社との調整が必要になり、時に自社の短期的な利益を犠牲にして、長期的なメリットを描かなければなりませんから、高度なSCMを構築する必要があります。

生産拠点・調達先の複線化のメリットとデメリット

	メリット	デメリット
生産拠点の複線化	・販売急増、生産ひっ迫時に工場で生産ができれば、生産が可能になる ・1つの工場での設備故障、事故等の際、代替工場があれば生産が継続できる	・設備の二重投資、業務やシステム構築の二重投資 ・複数工場の稼働を保証しなければならない ・外注工場の収益を保証するために不要不急の生産が必要になることも
調達先の複線化	・急な部材要求への対応、事故などの調達ひっ迫時の購入に対応できる	・サプライヤーが下請法対応で発注変更が困難なケースも ・先々の調達を保証しないと供給できないケースも ・複数社からの調達になると、各社に調達数量が案分されて減り、仕入価格が高止まりすることも

航空輸送と船舶輸送、
トラックと鉄道のコストバランス

付加価値、市場要求と品目特性でバランスをとる。

■ サービスレベルもコストも高い空輸

　海外輸送も国内輸送も、航空輸送（空輸）が最もリードタイムが短くなるため、顧客や販社などには好まれます。急な需要増や欠品に対しても、空輸であれば短時間で輸送が可能なため、需要予測や計画が外れても、短時間で対応することが可能です。

　また、ハイテク品のように付加価値が高く、かつ、製品ライフが短い品目の場合、少しでも早く市場に投入したいという要求がある場合は空輸が選ばれます。

　しかし、空輸は輸送コストが高く、それなりのコスト吸収ができる品目でないと割に合いません。さほど付加価値が高くない品目や製品ライフが長い場合には、空輸ではなく、船舶輸送（海運）が選択されます。

■ 製品付加価値やコスト見合いで船舶輸送を選択

　船舶輸送（海運）でモノを運ぶのは一般的です。**ただし、積み出し港（出し地）や荷揚げ港（揚げ地）は適切に選ぶ必要があります。**同時に**航路の選択も重要**です。

　港によってコストが変わり、輸送に関わる料金も変わり、船のスケジュールも変わります。船会社と交渉することで、有利な出し地もあります。逆に、コストが安くても船のスケジュールがまばらで月に1船しかないとか、たくさんの寄港地を経由されたりすると、利便性の面で劣ります。自社の輸送がコスト最優先なのか、供給最優先なのかという適

切な判断が必要です。

　また、**陸送のコストを考慮した場合に、荷揚げ港（揚げ地）の適切な選択をしなければなりません。**たとえば、オーストラリアのような大陸国では陸送コストが高いので、揚げ地を東西に分けるなどの検討が必要です。

　同様に米国のように太平洋と大西洋に市場がある国では、西海岸だけに揚げるのか、東海岸にも揚げるのかといった選択が必要です。日本やアジアから東海岸に揚げる場合、パナマ運河経由か、スエズ運河経由かでコストと輸送期間が変わってきます。以前はパナマ運河経由が早かったのですが、混雑具合やコストを考慮する必要性も出てきています。

　米国西海岸に荷揚げする会社もあれば、カナダ側に揚げて鉄道で米国に輸送することを選択した会社もあります。当時、たまたま米国西海岸で港湾ストがあり、カナダ経由の会社はだいぶ助かったようです。

航空輸送と船舶輸送のメリットとデメリット

	メリット	デメリット
航空輸送 （空輸）	• リードタイムが短い ⇒緊急対応も可能 ⇒納入先の在庫が少なくて済む	• 物流費が高額
船舶輸送 （海運）	• 物流コストが安い	• 船のスケジュール、サイクルに依存 • 積み出し港（出し地）や荷揚げ港（揚げ地）は適切に選ぶ必要あり

■ トラック輸送だけでなく、鉄道や船との組み合わせも

　日本国内の輸送でも、**揚げ地の選択と付随する倉庫の選択は重要**です。日本は陸送が高コストなので、工場の近くや市場の近くに荷揚げしたいものです。

　また、国内も昨今のドライバー不足、CO_2削減の流れを受け、**トラック輸送一辺倒ではなく、船や鉄道との組み合わせも選択肢**になります。船や鉄道を組み合わせるとスケジュールの調整等が必要ですが、さほど急がず、コスト重視の輸送の場合は多少の利便性の低下を許容することもあります。また、できるだけシームレスな輸送を行うため、船にトラックごと乗り込むロールオーバー船（LOLO船）などの工夫もされています。

　サービスレベルとコストのバランス、CO_2削減を目指す国内輸送も、輸送モードの選択とデザインが重要な検討対象になります。

MINI COLUMN ❶　　　　　　　　　　動脈物流と静脈物流

　「サプライヤー⇒工場⇒流通⇒最終顧客」と、サプライチェーンの上流から下流に向けての物流を「動脈物流」と呼ぶことがあります。逆に、サプライチェーンの下流から上流に向けた物流を「静脈物流」と呼ぶことがあります。

　静脈物流は、主にリサイクル品の回収や特殊な廃棄処理を要求されるモノの回収物流になります。たとえば、病院の手術用処置具や歯科医の処置具を回収し、滅菌洗浄して再出荷可能にするといったことや、リサイクル向けのペットボトルの回収、注射器のような特殊な廃棄を必要とするモノの回収を行うことです。

　資源の再利用や安全性への要求の高まりから、動脈物流だけでなく、静脈物流の高度化も必要になってきています。

「調達物流」による調達の低コスト化

物流改革対象としてあまり手をつけられていない「調達物流」。

販売物流、調達物流とは何か？

物流とひと口にいっても、物流の向きによって2つの種類があります。1つは、**販売をするための物流で「販売物流」**といいます。**もう1つは、モノを調達するための「調達物流」**です。

「販売物流」は、製品や商品を出荷して、お客様に届けて売上を上げるための物流です。層別された倉庫への補充物流、倉庫から顧客までの輸配送に関わる物流です。販社がある場合は、工場から販社倉庫への輸配送も販売物流の領域です。

販売物流は会社にとっても注目しやすく、層別配置や共同輸配送など、さまざまな改革の手が入っています。

「調達物流」は、工場や卸売業、小売業などがモノを仕入れることにともなう物流です。サプライヤーからのモノの納入、工場間の転送に関わる物流などです。

調達物流はサプライヤー任せになっていることが多い

「調達物流」は、サプライヤーから見れば「販売物流」ということになります。販売物流領域には改革の手が入っていると書きましたが、実は、こと部材に関していうと、あまり改革の手が入っていないのです。また、卸売業の調達物流も同様です。

原因の1つは、**調達に関わる物流が納入者であるサプライヤーに任されていることがあるでしょう。**サプライヤー側にとってメリットのある

販売物流的な改革は行われるものの、そうした打ち手は必ずしも調達側にとっての利益になるとは限らないのです。

　また、調達側も調達物流はサプライヤー任せになっていることが多く、手がついていない領域になります。工場は仕入れて終わり、途中の輸送や納入はサプライヤーの仕事といった認識で、納期と納入形態を守ればよいといった認識です。

■ サプライヤーとの見積もり交渉段階から 「調達物流」を意識する

　もし、調達に関わるコストをきちんと把握し、コストダウンを徹底したいなら、調達物流にも手を入れるべきです。サプライヤー任せの調達物流を改善します。

　そのためには、調達物流のコスト構造がわからないといけないのですが、**調達側は今まで調達物流の物流コストを部材の仕入金額に合算して認識していることも多く、裸の調達物流コストがわからないといった会社が多い**のです。

　これでは、**コストダウンも部材の単価値下げしかできません。当初の見積もり段階から、調達物流に関わる物流費を部材の仕入原価から分離して認識できるようにしなければなりません**。そのうえで、物流方式を変えればどれほどのコストインパクトがあるのか分析できるようにします。サプライヤーとの見積もり交渉段階から調達物流を分離して明確にし、取引開始後も調達物流費を分離して収集・可視化していかなければならないのです。

■ 調達物流の打ち手の例①：工場渡し（集荷物流）

　調達物流の打ち手の1つとしてあるのが、「**工場渡し（集荷物流）**」です。**調達する側が荷物を引き取りに行きます。**

　工場渡し（集荷物流）の利点は、**物流コストのコントロールがしやす**

くなることと、**調達する側にとってのサービスレベルを自社の都合に合わせられること**です。

　仕入原価に混在し、改善がむずかしい調達物流を分離して調達側で自社管理とすることで、物流の形態が自由に組めます。調達する側で自社トラックを使ったり、トラックのコストを物流会社に交渉したりできるといった自由度が上がるのです。次に説明する「ミルクラン（巡回集荷）」も、自社の都合で組めます。

　納入のスケジュールも、調達する側の都合に合わせられます。路線便などでの納入は時間が読みにくく、また、軒先放置型の納入ではなくきちんと倉庫への納入までできる余地もあります。**サービスレベルも調達する側でコントロールできる**のです。

▌調達物流の打ち手の例②：ミルククラン（巡回集荷）

　他拠点を回りながら集荷する方法を「ミルククラン（巡回集荷）」といいます。搾乳業者から牛乳を集めて回るイメージからミルククランといわれる物流形態です。

　1台のトラックを使って、たった1か所からの輸配送では積載効率が上がらないこともありますから、**集荷により積載効率を上げることができ**ます。1回の運行で済む場合には運行効率も上がります。

　ミルククランは、調達する側で行う場合もあれば、物流業者がサービスとして行う場合もあります。

▌調達物流の打ち手の例③,④：
　センター倉庫による一括納入とVMI

　センター倉庫を設けて、センターから一括納入することで効率化する方法もあります。商業施設や工場で納入が集中してトラックが渋滞するといった状態は渋滞を引き起こして迷惑ですし、CO_2もまき散らします。各サプライヤーはセンターに納入し、現場への納入はセンターから必要

なピッキングだけして納入すれば渋滞も起きず、効率的です。

　また、小売りなどの店舗納入では、サプライヤーがバラバラに持って くると荷受けや品出しが煩雑です。サプライヤーごとではなく、店別一 括納入であれば荷受けも1回で済み、品出しもラクです。

　コンビニなどで発達した「**店別ピッキング**」のセンター納入方式は、 工場でも、病院でも、テーマパークでも、空港などの施設でも有効な手 法です。

　センター納品は、調達する側の管理業務負荷をさらに下げることも可 能です。「**VMI（Vendor Management Inventory）**」**といって、センター 倉庫の在庫をサプライヤー資産としておき、適正在庫の管理や補充をサ プライヤーに任せます。VMI化することで、調達する側は在庫管理を せずに済み、在庫に関わるコスト負担も少なくなる**のです。

　このように、調達物流にはいろいろな改善の手法が現実化してきてい ます。調達物流費を仕入のコストから分離し、改善する意義は大きいで しょう。

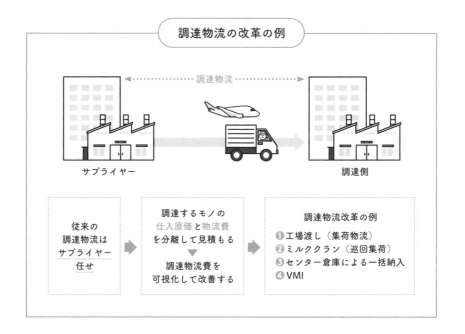

調達物流の改革の例

| 従来の
調達物流は
サプライヤー
任せ | 調達するモノの
仕入原価と物流費
を分離して見積もる
▼
調達物流費を
可視化して改善する | 調達物流改革の例
❶工場渡し（集荷物流）
❷ミルククラン（巡回集荷）
❸センター倉庫による一括納入
❹VMI |

共同輸配送か、単独輸配送か、自社物流か、他社物流か

ドライバー不足が生み出す、輸配送に関わる打ち手を採用する。

▌ 物流を競争要因としない決断としての「共同輸配送」

　国内物流において、ドライバー不足になって長い期間が過ぎました。安価な値段で物流の手段が手に入った時代はとうに過ぎました。物流費は高騰し、輸送の手段がボトルネックになってきました。

　自社で物流を管理していた多くの会社が、競合企業と物流で手を組み始めました。かつては、話としては出ていても実現しなかった共同配送が普通のこととして取り組まれています。

　物流は、お客様にモノを届けるという点で「顧客接点」であり、自社のサービスをコントロールする手段として重視され、競合他社と組むなどもってのほかでした。過去に競合企業であれば同じお客様に届けるので共同配送を検討しようと提案しても、「バカなことを言うな」といった扱いでした。また、共同輸送をすると他社に受注額や内容、売上額などが漏れるといった懸念をよく聞きました。

　しかし、**あまりにも物流がコスト的にもリソース（ドライバーや車両）的にもボトルネックになってきたため、共同配送が実現しつつあります。**共同配送を採用する場合、競合会社同士のルールの設定など合意事項が必要ですが、そうしたことを乗り越えて実現しています。

　つまり、**物流領域での競争はやめて、同じサービスレベルで輸配送を行い、それ以外の分野で競争するといった目的**に対して、「呉越同舟」的な合意ができ上がったということでしょう。

競争力を意識するのであれば単独輸配送

　一方で、単独での物流にこだわり、物流領域で競争優位を確立する戦略的な打ち手として認識する会社も出てきています。こうした会社では、**物流サービスこそが差別化要因としてとらえ、他者が追随できない物流サービスを構築しています。**

　製品がコモディティ化している業界では、製品品質での差別化も、コストでの差別化も、デザイン上の差別化もむずかしくなってきています。そうした状況下で、物流サービスがお客様のニーズに合致し、お客様に評価される要因となっています。

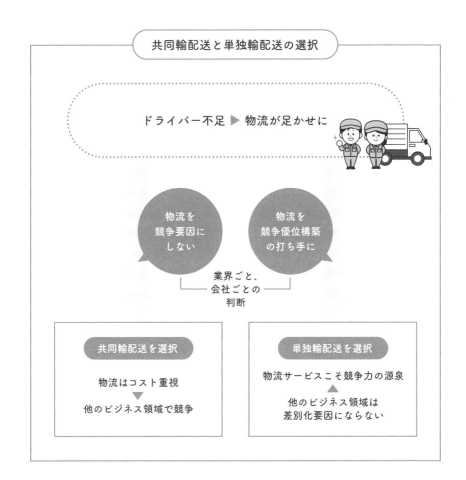

たとえば、プラスチックトレイなどの業界では、製品での差別化は困難で、価格もデザインも各社似たようなものです。こうなると、人手不足で困っているお客様になり代わり、トレーの荷受け、開梱、小分けピッキング、在庫管理といった煩雑な管理業務をしなくてもよいサービスを実現することで差別化ができ、物流が競争優位になります。

　物流を自社で行うことで、段ボールでの大量送りつけをやめて小分け納入を実現し、お客様が余計な在庫を扱わなくてもよいようにして人件費や保管スペースの節約、在庫減による資金繰り改善に貢献できるのです。

■ 競争力を意識した自社物流か他社物流の選択

　物流に関していえば、**外部委託することで自社の資産を軽くする「物流アウトソーシング」**がよく行われます。定型的な物流、かつ物流が競争要因にならないのであれば、他社委託・他社物流は効率的です。

　しかし、ドライバーが不足し、急な出荷増大への対応や都市部での狭い道路などの交通事情へのフレキシブルなトラックの選択などをしようと思うと、自社物流というのも重要な選択肢になってきています。コスト視点だけではなく、競争力の強化に必要な物流選択が必要です。

MINI COLUMN ❷　　　　　　　　　　　　　　── **SCM の用語説明①** ──

　SCM にはさまざまな略語が登場し、わかりにくいと思いますので、ミニコラムで簡単に補足しましょう。

● **DFU（Demand Forecasting Unit）：需要予測単位**

　需要予測は、単品で行う場合と、集約された単位で行う場合があります。そうした単位を「DFU」といいます。DFU は、製品を製品シリーズでまとめる製品軸での集約、営業所単位や地域、国などで集約する組織軸での集約があります。たとえば、TV の需要予測をする際に、製品で予測するか、シリーズで予測するかといった例です。

生産国の選択に影響する
コスト、リスク、サービスの最適化

海外生産の選択は、コスト、リスク、サービスを慎重に検討すべし。

▌生産コストが安い理由での生産拠点選択は
いずれ限界が来る

サプライチェーンネットワーク設計のなかでも、**長期的で、大きなインパクトを残す**のが「**生産拠点**」の選択です。

日本企業の多くは、長期的な円高、国内人件費の高騰、海外市場の発展などを受けて、海外に生産拠点を移してきました。なんといっても、日本に比べて圧倒的に人件費が安かったというのが大きいでしょう。もちろん、円高でもあったので国内製造ではコスト競争力がないとの判断もあったでしょう。かつて、多くの会社が中国を中心として、マレーシア、タイ、インドネシアなどに工場を建設していきました。

しかし、こうした国々も今では経済成長を遂げて、人件費も高騰してきています。職種によっては日本人よりも高くなったり、より高い給与や昇進を求めて転職したりしていく人材も多くいます。

単に安い労働力を求めるだけなら、経済成長した国では賃金が高騰していくので、さらに安い国を探すはめになります。実際、多くの会社が次はベトナム、フィリピン、バングラディッシュといった具合に工場を移転させています。

しかし、安い労働力を求めるだけであればいつか限界が来ます。コスト競争上は重要な判断指標ですが、そうした安い人件費で作るコモディティ品ばかりでなく、より付加価値が高く、高い人件費をはじめとする高い製造原価を吸収できるような製品の開発、サービスの開発が必要になってきます。

■ コストだけでなく、リスク、サービスを考慮した場合の生産地選択

　また、単にコストが安いといった視点だけでは判断できない状況も生まれています。

　国によってはさまざまなリスクがあります。コストが安いからというだけで工場を建設してしまうと、そこから抜けることがむずかしくなったりする政治上・民生上の状態、移転したくても移転できなくなったりする政治的な状況、撤退したくても撤退できない状況が生まれるリスクもあります。

　また、生産に関わるコストが安いというだけで、他にもさまざまなサービス上の制約が生じる場合もあります。物流サービス上、船の便が少ないといったことは書きましたが、それ以外にも通関に時間がかかる、明確な理由がわからず荷が止められるといった、サービスレベルを著しく落とす事態も生じ得ます。

　海外に生産拠点を検討する際は、コストだけでなく、リスクやサービスを含めて検討することが必要です。

■ 製造拠点の中国離れと日本国内回帰の動き

　特に政治的な変化、経済的な変化が製造拠点の選択にむずかしさを加えています。貿易戦争による影響で、輸出入の制約になる事態も発生しました。政治的な対立によるボイコットもありました。また、パンデミックの発生もありました。このときはマスクがひっ迫し、大きな騒ぎになりました。災害の発生などにより部材の輸入が滞るリスクもありました。

　今世紀に入って、世界情勢は不確実性を増しました。不確実な状況下で、製造拠点の「**国内回帰**」の課題も取りざたされています。

　空洞化した国内に製造拠点を再建することで、雇用を創出するという観点でも、国内回帰は1つの選択肢になりつつあります。

生産国の選択（海外拠点と国内拠点）

今まで

安価なコストを求めて
新興国等の海外拠点に
生産を移す

現在

新興国も成長し、
コストが高騰

さらに安価なコストを求めて生産拠点を移転

しかし、既存国の制約があり簡単に移転できない
&
リスクや制約があり、いつまでも安価な拠点を
求め続けることも困難化

コスト視点だけでなく、リスクやサービスレベルの視点も
あわせて拠点を選ぶべき

国内拠点への回帰も選択肢の1つ

ラストワンマイルをめぐる競争と
加速する物流のロボット化

物流は企業の競争優位に影響します。物流形態を自社の戦略領域として選び、さまざまな対策を打っているのがネット小売でしょう。国内でいえば、アマゾンや楽天などが最終消費者まで届けるための物流で競争しています。

物流倉庫から最終消費者に届けるまでの物流ルート領域を「ラストワンマイル」と呼びます。まさに、最後に残った物流のフロンティアといった様相です。翌日配送や当日配送、果ては数時間での配送と、競争もエスカレートしました。

インドネシアではバイクで荷を運ぶゴージェック、フィリピンでは食事を運ぶフードパンダ、日本でもウーバーイーツや出前館などが最終消費者に荷を運ぶビジネスを構築しています。最後のフロンティアを攻略できるかどうか、まだ混とんとした状況が続くでしょう。

●人手不足が加速する倉庫のロボット化、輸配送自動化、ドローン化

人手不足によって、倉庫作業にもさらにロボットや自動機が投入されています。自動搬送機、ストッカーが自動で移動してきて人がピッキングする設備、自動仕分を行うソーターをさらに進化させた輸送先ごとのシューター直結の自動搬送機といった倉庫作業の技術革新や設備投資も進んできました。

輸配送も自動運転の進展に応じて自動化していくでしょう。特に、高速道路でのトラック輸送などは自動運転の実験が進んでいます。また、遠隔地へのドローン輸送も試されています。SCMとしても、こうした物流形態を上手にコントロールする仕組み化が必要になるでしょう。

Chapter

3

SCM の計画が確実な供給と
コスト・制約の最適化を決めるカギ

SCMの計画こそが
会社収益を決定する起点

SCMは事業計画そのもの。3か年計画、予算からSCMは始まる。

SCMは事業計画としての3か年計画と
予算から始まっている

　SCMを業務遂行のうちの1つの機能と認識している人にとっては、「事業計画とSCMがどのように関係しているのか」といった疑問があるかもしれません。「3か年計画」や「予算」は、日常のSCMとは無関係とまで思っている方もいるかもしれません。

　しかし、**SCMとは事業計画そのものであり、事業計画はSCMそのもの**なのです。なぜでしょうか？

　SCMの目的で述べたのは**連結収益の最大化**です。目的達成のためには、そもそも収益を生み出す"体制"を準備しなければなりません。会社は、先々の販売計画と利益計画を立て、その販売と利益を成り立たせるための資源の計画を立てます。それが長期的には「3か年計画」だったり、短期的には「予算」だったりします。

　3か年計画も予算も、**販売計画、生産計画、調達計画、設備投資計画、人員計画、経費計画を作ります**。「販売計画」は将来の売上の計画です。将来の売上を成り立たせるために必要な「生産計画」と「調達計画」を立てます。生産計画を成り立たせるためには、必要な「設備投資の計画」が立案され、「人員計画」が立案されます。また、販売を成り立たせるための「経費計画」が立案され、販売に関わらないその他の経費計画が立案されます。

　重要なことは、**長期的な「販売計画」や年度の「販売計画」を達成す**

るための「生産計画」と「調達計画」が、同様に長期的に立案される過程で、**サプライチェーンネットワークのデザインも行われる点**です。どこで作り、どこから仕入れ、どこに保管し、どこで売るのかといったSCM上の構造が決まり、そのうえで行われる設備投資や人員計画によって生産能力があらかた決まってしまうということです。

　さらに、長期的な調達計画によって重要な部材の調達可能数量が決まります。3か年や年度で使える生産能力と部材の調達数量に制約が生じるわけです。その結果、作れる・調達できる品目の数量にも制約が生じ、売上の制約にもなるわけです。

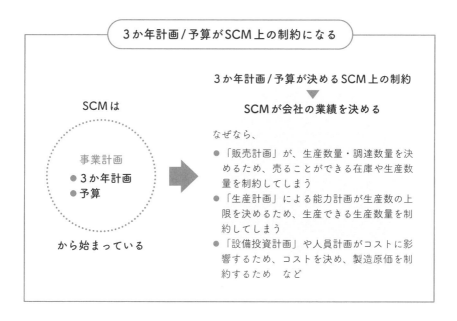

3か年計画/予算がSCM上の制約になる

SCMは

事業計画
● 3か年計画
● 予算

から始まっている

3か年計画/予算が決めるSCM上の制約
▼
SCMが会社の業績を決める

なぜなら、
● 「販売計画」が、生産数量・調達数量を決めるため、売ることができる在庫や生産数量を制約してしまう
● 「生産計画」による能力計画が生産数の上限を決めるため、生産できる生産数量を制約してしまう
● 「設備投資計画」や人員計画がコストに影響するため、コストを決め、製造原価を制約するため　など

■ 3か年計画と予算がSCMの目標、コスト構造、制約を決める

　3か年計画や予算では、その立案時にSCMで目標となる「連結利益」の基礎となる販売計画、生産計画、調達計画、設備投資計画、経費計画を行います。結果、新年度が始まってから行われる月次や週次の「計画

業務」の目標、コスト構造、制約が決まります。

　このとき、**計画の妥当性が重要**になります。無謀な販売計画、無謀な生産計画、無謀な調達計画が立案されると、実現が不可能になり、かえって会社の収益を痛める可能性もあります。また、生産拠点の判断を誤ったり、設備投資の額を誤ったりすることで、生産に悪影響を生じさせることもあります。

　たとえば、今まで10億円の販売しかできない製品をいきなり20億売る計画を立て、生産能力も2倍にする投資を計画したとしましょう。現実的なら問題ありません。しかし、無理な計画の場合、計画通り売れず、過剰投資が足かせになり、損失を出すかもしれません。

　ムダな設備投資による借入返済、維持費、償却費などが固定的にかかり、キャッシュフローを悪化させ、コストが増加します。人員を採用したからには給与を払いますし、新興国だからといって現地人員を簡単に調整弁のように解雇したり採用したりできませんから、人件費も重荷になります。

　また、海外の生産拠点に投資したところ、思ったほど生産が行えず、工場収益が低迷して経営の足を引っ張るかもしれません。一度生産拠点を海外にしてしまうと、稼働させるためのコストや輸送のコストがずっと継続します。船で大量に運ぶといった制約が生じれば、輸送に時間がかかるうえに輸入元で安全在庫を抱える必要性も生じ、それでも急な需要変動にこたえられないといった事態も生じます。

　3か年計画や予算が、SCMにおける目標とコスト構造を決め、制約を作ってしまうわけです。**3か年計画や予算といった事業計画がSCMの最上位計画になる**のです。

　3か年計画や予算といっても、**SCMで重要な販売計画、生産計画、調達計画が基礎**です。その基礎的な立案のポイントは、**月次や週次で行われるSCMの「計画業務」**と同様の点があります。これから各計画業務の機能を詳述するので、3か年計画や予算、月次、週次の計画でも同様の機能の構築が必要だとの認識を持ってお読みください。

SCMの供給力を決める需要計画の方法❶
需要予測を武器にする

予測当てに走らず、需要予測の種類とその使い方を武器にする。

▌需要予測には2つの手法がある

　需要予測には2つの方法があります。1つは「**統計予測**」、もう1つは「**人的予測**」です。

　統計予測は、統計的な手法を用いて予測する手法です。統計予測には、**過去の実績をベースに、自分のデータで自分の未来を予測**するという意味で、「**自己回帰モデル**」というものがあります。

　代表的な自己回帰モデルには、「移動平均法」「指数平滑法」「季節変動モデル」「季節傾向モデル」などがあります。

　移動平均法は、**過去の数回のデータをスライド（移動）させながら予測する手法**です。たとえば、過去3か月で100、120、140というデータがあれば、予測値は（100 + 120 + 140）/3 = 120といった予測をしていきます。

　指数平滑法は、**直近のデータに対する重みとそれ以前のデータに対する重みを変える手法**です。たとえば、先月のデータが140、先々月のデータが100だとして、直近である先月の影響が強く、80％くらいに見込むとすると、予測値は140 * 0.8 + 100（1 − 0.8）= 112 + 20 = 132といった予測をしていきます。

　季節変動モデルは、**季節性のある予測**です。11月に120、12月に300、1月に90といった売れ方をする場合、12月に山が来るように予測します。仮に昨年の平均売上実績が150だとすると、11月と1月の平均売上に対する比率（季節指数）は120/150 = 0.8、90/150 = 0.6、12月が300/150 = 2.0といった指数になります。今年は平均200売れると予測す

ると、季節指数をかけて、11月：200 * 0.8 = 160、12月：200 * 2.0 = 400、1月：200 * 0.6 = 120と予測します。

　季節傾向モデルは、**季節性に加えて売上が増加傾向や減少傾向といった傾向を持っている場合、その傾向を加味して予測するモデルです。**仮に、毎月10%ずつ売上が増えているとして、先の例のように11月：0.8、12月：2.0、1月：0.6の季節指数があるとします。10月以降の傾向による予測で毎月10%ずつ増えるとすると、11月：200、12月：220、1月：242となり、そこに季節指数をかけるので、11月：200 * 0.8 = 160、12月：220 * 2.0 = 440、1月：242 * 0.6 = 145となります。

　季節傾向モデルは、傾向が一方向のままだと無限に増えていったり、ゼロになったりするため、使い方に注意が必要です。

■ その他の統計予測モデル

　自己回帰モデルとしては、季節傾向性をさらに進化させた「ウィンター法」「ホルト・ウィンタース法」、めったに売れない製品（間欠需要品）を予測するための発生期間と発生数を予測する「クロストン法」など、さまざまなモデルがあります。

　自己回帰型ではない、各種要因因子によるモデルもあります。市場規模に自社の市場シェアをかける「市場規模シェア型予測」、市場で稼働する自製品に対して使われる消耗品の交換率や故障率をかけて補修部品の予測を行う「インストールベース予測」などもあります。

■ 統計予測のメリットと問題点

　統計予測は統計式にもとづいて定義されるため検証が可能ですし、パラメータを調整（チューニング）して改善もできます。大量のデータから予測しなければならない場合、いちいち人的に予測できないケースでは効率化な道具になります。

　一方で、デメリットや問題点もあります。まず、**統計モデルが本当に**

現実に当てはまっているかどうか確実ではないということです。

そもそも、現実の実績データをそのまま統計式に使えないことが多く、そこから導かれた統計式自体の精度が上がらないということです。データがわるければデータを補正すればよいのですが、データの良否の判断、データの排除の可否判断はむずかしいところです。統計式の当てはまりの問題とデータの精度の問題がダブルでかかってきます。

さらに、**統計モデルを構築、維持、メンテナンスするのはそれなりに統計知識が必要だ**ということです。専門家が必要ですが、専門家を維持・育成できるかどうかの課題があります。また、下手すると**属人化し、モデルがブラックボックス化して継続的な維持がむずかしくなるリスク**もあります。

こうした論理的なむずかしさをAI（人工知能）で解決しようとする向きもありますが、なかなかむずかしい点です。多くの場合、過去の出荷実績データなどのサンプル数は、統計的な精度を保証するほど多くないので、精度はそれなりの納得のなかで使わなければなりませんし、データには異常値やノイズが含まれるので絶対正確な予測は困難です。

それでも、それなりの精度で利用できることを判断したうえで使うというのも可能でしょう。たとえば、品種が多すぎて人で予測できず、外れても在庫がさほどリスクにならない業界などであれば十分使えます。

▌ 捨てたものではない人的予測

統計的需要予測が優れているわけではありません。人が予測する「**人的予測**」もそれなりの精度で予測が可能です。多くの企業では、人的予測が使われています。

次項で書きますが、販売計画立案時には、統計予測に納得ができず人が補正したり、キャンペーンなどの人の意思が働いた情報が加味されたりします。結局、人の意思が入って補正するなら、最初から人が予測したほうが手間がないという事態もあります。

需要予測には2つの手法がある

統計予測

統計モデルを使って予測

- モデル化（フィッティング）
- モデルのメンテナンス
- ノイズの排除

利点：改善可能、合理化
欠点：運用コスト高、高度

人的予測

人間が"えいや"で予測

- 勘と経験（と度胸）

利点：安上がり、簡易
欠点：改善困難、属人化

人は優れたもので、"勘と経験"から言語化できないながらもケースバイケースで予測し、意外と精度がいい場合もあります。ぼう大なコストをかけて統計予測システムを構築し、その維持にコストをかけるくらいなら、人を育てて人的予測をすることも経済的だったりします。

"勘と経験"といいながら、人の頭のなかでは回帰モデル的な検討や要因因子的なかけ合わせをしながら予測しているのです。もちろん、人がやるのでミスのリスクがありますが、統計予測にも同様のリスクがあります。しかし、人的予測は過度に属人化して業務がブラックボックス化し、精度が人に依存するので、**業務の維持継続や予測精度の維持がむずかしくなるデメリット**もあります。

ただ、重要なことは、**統計予測が必ずしも優れているわけではなく、人的予測も捨てたものではないという認識を持って業務の選択と構築を行うこと**です。

■ 需要予測におけるDFUの設定と データ分析やデータ保持の重要性

統計予測をするにせよ、人的予測をするにせよ、ミニコラム②で書いたように「**DFU（需要予測単位）**」の設定が重要になります。どのDFU

で予測するかによって精度にバラツキが出ますので、**適切なDFU定義はデータ分析が重要になります**。

また、**それなりの精度で予測をしたいのであれば、それなりの期間、それなりのデータ実績数を保持しておく必要があります**。最低3年分は、実績データが欲しいところです。

需要予測の精度を測る指標

予測の精度を測る指標もいくつかあります。代表的なところでは、「誤差率」「絶対誤差率」「標準誤差率」などです。

誤差率では、プラス・マイナスの誤差を相殺してしまうので、より正確な誤差率で評価するなら、絶対誤差率または標準誤差率がよいでしょう。

単純に評価する場合は、予測と実績の差異を予測した期間単位（バケット）ごとに比較するだけでも十分です。たとえば、11月：－30（－30％）、12月：＋60（＋60％）、1月：－5（－5％）といった評価でも十分精度は評価できます。

予測は予測、過度に予測当てに走ることは無謀

予測はしょせん、実績や要因因子による未来推定です。実績の精度やモデルの精度に依存しますし、予測担当者の経験とスキルレベルにも依存します。数学的な理想状況にない現実の世界での予測ですから、それなりの精度しか出せないのです。

そうした制約下での業務ですから、**予測当てに走るよりも予測が外れることを前提に、計画的に補正し、変動リスクに対応できるようにすべき**です。よく見かける例では、予測当てにばく大な時間とシステム構築コストをかける会社がありますが、多くの場合ムダに終わります。同じような誤りにおちいらず、「予測は予測」程度に考えておいたほうが実務的にはよいと思います。

誤差率と絶対誤差率、標準誤差率

$$誤差率 = \frac{\sum(実績値 - 予測値)}{\sum 実績値}$$

 総量の
差異を表す

$$絶対誤差率 = \frac{\sum|実績値 - 予測値|}{\sum 実績値}$$

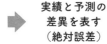 実績と予測の
差異を表す
（絶対誤差）

$$標準誤差率 = \sqrt{\frac{\sum(実績値 - 予測値)^2}{\sum(実績値)^2}}$$

実績と予測の
バラツキを表す
（標準誤差）

▌ 予測への理解の必要性と予測担当者の育成

　予測当てに走るのは、数学的な精度に制約があるということが社内で知られていないからです。まず、**社内である程度の数学的なリテラシーを一般化しなければなりません**。これはマネジメントの役割です。

　また、**予測担当者の育成が必要**です。日本企業は専門性を軽んじる傾向があります。予測担当者は統計の専門家である必要があり、できればマーケティングの専門家でもあるべきです。ゼネラリストで、できそうなやつに任せるといったことではなく、きちんと専門家を育て、必要があれば専門家を採用すべきです。

　一方で、専門家にお任せでブラックボックス化し、属人化するのも避けなければなりません。**きちんと仕事を定義し、仕事の質を見極める力を日本の会社はつけなければなりません**。そうでないと、専門家を活用して、業務を高度化することができず、競争力を失うでしょう。

キャンペーン等の拡販計画での
意思入れと複数の販売計画の統合

いくつもある販売計画を統合することでSCMの統合度を高める。

■ キャンペーンなど意思を持った需要の計画を
販売計画の反映する

　統計予測を行うにせよ、人的予測を行うにせよ、予測イコール販売計画にはなり得ないケースがあります。たいていの場合、キャンペーンなどの拡販計画にもとづく特殊な需要の計画が乗ります。

　価格政策がその代表でしょう。**価格を下げて、販売台数を稼ぎ、そのうえで売上総額を増やすといった販売活動**があります。大量の値引き、決算時期の値引き、季節的なキャンペーンによる値引きなど営業政策による需要の補正を反映して計画しなければ、欠品になるおそれもあります。

　3本セット、10本セット、1本おまけといった**パッケージングによる拡販**もあります。同様に、テレビコマーシャル、チラシ広告、ネット広告といった**マーケティング的な施策による拡販計画**もあります。

　こうした**意思を持った需要を喚起する拡販計画を「販売計画」として加味しなければなりません。**その際、予測に対し加減算するか、予測そのものを上書きするかでデータの扱い、計画業務工数、計画データの保持と後々の評価の可否、システム機能などが異なってくるため、きちんと業務設計をしなければなりません。

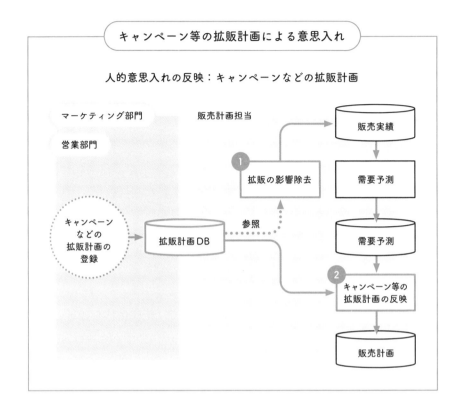

営業マンの販売計画、営業部門の販売計画、生産部門の販売計画

　また、販売計画は営業マン個人だけで立案されるとは限りません。営業マンが立てて、販売計画が部門で集計される際に予算が足りないとなると、部門で"下駄"を履かせることがあります。

　また、マーケティング部門が営業部門とは別に販売計画を立てている場合もあります。このとき、営業部門とマーケティング部門で販売計画を整合させないと、複数の計画が存在してしまいます。

　同様に需要予測もされているのであれば、需要予測と営業の計画とマーケティング部門の計画の整合を図らなければ、社内に複数の計画があって、意思統一ができず、ちぐはぐな業務になります。

　また、会社によっては生産部門が販売計画にあたる計画を立案している場合もあります。営業部門が信用できない、あるいは、営業部門が金額ベースの販売計画しか立案しない場合などに生産部門が代わりに立案し、生産計画に活かしているケースです。

　この場合は営業の販売活動の意図がくみ取れず、営業と生産で整合しない計画で走り、欠品と売れ残りによる在庫滞留を繰り返しているケースもあります。

　販売計画は会社が売上を上げるための計画で、その計画は一品ごとの製品を売ることであって、販売計画の元は単品で計画するべきです。もちろん、個別営業マンが単品計画から積み上げて作る会社もあるでしょうし、販売計画担当者が需要予測担当者やマーケティング担当者と連携し、組織的に計画を作る会社もあるでしょう。

　どのようなケースであっても、**会社として販売に資する在庫を単品で計画的に生産し、調達することが基本ですから、各部門で共通認識を持った販売計画を立案し、共有する業務と仕組みを構築します。**

　販売計画がいくつもあって個別に動くようでは、会社としての意思統一をした活動が困難であり、供給を困難にさせ、在庫リスクのコントロールができません。**会社で統合された販売計画を立案するプロセスを描き、共有することが必須**です。

　その際の大まかな流れは、過去実績に分析⇒需要予測⇒マーケティング部門などの拡販計画の販売計画への意思入れと共有・合意、営業部門の拡販計画の販売計画への意思入れと共有・合意、生産部門の共有といった流れになるでしょう。

　ただし、こうした業務フローも、会社に無関係に共通なのではなく、会社によって相違します。業務設計は組織横断で行い、自社の販売計画プロセスを構築します。

SCMの供給力を決める需要計画の方法❷
商談プロセス管理との連携

商談プロセスがある際のステージ管理とSCMとの連動は必須。

▍B2Bビジネスの需要計画立案の特徴： 商談プロセス管理

消費財を扱う会社をB2C（Business to Customer）とすると、**生産財を扱う会社はB2B（Business to Business）**という分類ができます。

B2Cでは需要予測をしたりキャンペーンを打ったりしながら、マスとしての顧客を対象に販売計画を立案するケースが多いでしょう。

一方、B2Bでは、お客様が特定の会社であり、商談をしながら営業活動が進んでいく業界も多くあります。こうした会社では、もちろん需要予測や販売計画立案のような業務もあるにはありますが、普段の営業活動に応じて、お客様との商談の管理を行いながら販売計画を補正し、内示や受注を取得し、出荷や据えつけなどをして売上を計上するといった**商談上のステージ**が存在します。

こうした**商談のプロセスを追い、ステージが進むにしたがって受注が確実になっていくように管理する**ことが「**商談管理**」です。会社によっては、個別案件の注目した言い方で「**案件管理**」ということもあります。

商談管理プロセスには、大まかにいって「**ステージ進捗**」があります。最初は「**企画ステージ**」です。**企画ステージでは、お客様に対する提案を企画します。**どの製品を、いつのタイミングで、どれくらい買っていただくかを計画し、売込みの計画を立てます。

次は「引合いステージ」です。引合いでは、提案やお客様の都合で、**この製品を、いつ、いくらくらいで欲しいという問い合わせに近いステージ**です。こちらの企画に乗ってくれる場合もあれば、そうでない場合も

ありますが、引合いステージになれば、案件としては売上が見込める対象になります。もちろん、売上になるまでの見込みの精度にもバラツキがありますので、このステージで販売計画に入れるかどうかは判断がいります。

　次は「仕様検討ステージ」です。**お客様の具体的な要求仕様を検討し、品目を特定し、見積もりの前提とします。**

　その後「**見積もりステージ**」になります。**見積もりを作るには、品目の特定、仕様の特定、仕様に対する追加製造の工数などがわからなければなりません。**また、見積もりステージでかなり売上見込みが見えてくるので、単なる相見積もりの"当て馬"案件は重要度を落とし、確実な受注になるような案件に重点を絞り、営業活動をします。

　見積もり交渉が済み、お客様の発注が内々で決まってくると「**内示ステージ**」になります。**内示をもらうことで受注を確実にし、生産や調達に動いてもらいます。**

　その後、正式受注になれば「**受注ステージ**」として注残管理となり、売上見込み上は確実な売上の案件になります。出荷や据えつけなどの売上計上基準に合わせて、最後は「**売上ステージ**」になって売上計上となり、案件はクローズします。

▌ 商談管理プロセスを生産計画、調達計画に連動させる

　B2Bの生産財では、加工や組立に時間がかかるものもありますし、調達に時間がかかり、途中で追加調達ができないものもあります。そうした場合、商談の進捗に応じて先行して動かなければ、生産や調達が追いつかず、お客様の納期に間に合わないこともあります。

　こうした場合は、**商談の進捗に応じて、受注する前から先行で部材を調達し、生産を行う必要があります。**たとえば、見積もりを書いたら調達に時間がかかる（足長という）部材を調達する、内示で生産をするといった連携業務が必要になります。案件ごとの商談ステージ進捗を追い、「必要なタイミングで必要なモノを必要な数」準備しなければならないのです。

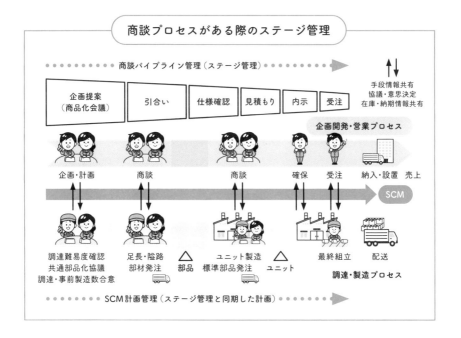

一方で、部材や製品は一度用意してしまうと、滞留したり、あるいは、特定のお客様にしか売れなかったりするモノもあります。こうしたケースでは、商談ステージ進捗と受注に向けた"確度"の問題が出てきます。

確度が低い案件の製品を作ったり、部材を買ったりしていて、それが残ってしまうと打撃です。在庫リスクを考慮すると、商談ステージ進捗を追いつつも、案件の確度も追わなければなりません。

また、確度不明だったりしても、絶対に案件を取るためにも、取れたあとにお客様に迷惑をかけないようにするためにも、自社リスクで先行調達や先行生産をしなければならない場合もあります。売上の確保と自社の在庫リスクとをバランスさせた意思決定が必要です。

こうした営業・生産・調達の各部門で確度、受注の必要度、お客様の重量度と失注リスク、生産・調達の制約と在庫リスクを考慮し、会社として選ぶべき最適解を見出すためにも、**商談管理プロセスと生産計画、調達計画を連動させて業務を行うことが必要**です。

SCMの供給力を決める需要計画の方法❸
お客様内示の活用と共同計画

お客様が内示を出してくれる場合の連携と注意点。

▍B2Bの場合、お客様が内示を出してくれる場合がある

B2Bの業界では、お客様が「**内示**」を出してくれる場合があります。自動車業界などでは、一般的に内示が提示されます。

内示は、後々お客様からの注文になるのですが、お客様も発注即納入をしてほしいので、**先行で内示を出すことで、事前に準備をしてほしい**ということなのです。

後に注文になるので、**内示を販売計画に使うことができます**。自社で予測したりするよりもお客様の内示があるのであれば、その内示を販売計画に使うことで計画の精度が上がることにもなります。

また、**内示は引取り責任がある情報**です。まともなお客様であれば、内示を大切に扱いますし、内示を出したということは後に提示する注文のための供給の確保をしてほしいということです。きちんとした業務の取引があるのであれば、内示を重視して計画として採用します。

▍内示の活用方法と、販売計画、生産計画、
　調達系計画への反映

内示を取得したら、内示を販売計画として採用します。ただし、開示される内示の期間は制限されます。多くの内示は、せいぜい先の数週間とか2か月くらいです。その先の期間は開示されないとか、引取りの義務のない予定情報としての開示だったりします。

内示から先の提示のない期間は、自社で販売計画を作る必要がありま

内示の活用

分類	内容	引取責任
予定	予定情報を共有 事前対応はサプライヤーの判断	発注側に引取責任はない（まれに発注側のお客様にひもづいた部材〔留型部材〕までは引取りの合意をすることもある）
内示	内示による生産、調達を許容	発注側に引取責任がある
確定発注	発注により製品を出荷したり、製品を生産したりする	発注側に引取責任がある

確実な供給と在庫リスクをバランスさせて内示対応をすることで、会社の壁を越えたSCMが構築できる

す。仮に予定情報があったとしても、リスクがあるので、その予定情報を販売計画として採用しても、予定が外れるリスクを考慮しなければなりません。

　自社の予測を使って内示のない先の期間の販売計画を作っても、予定で販売計画を作ってもリスクがあるので、安全在庫でリスクを吸収したりします（安全在庫は別途詳述します）。安全在庫は製品在庫で見込む場合もありますが、製品化せずに部品で持つことで計画の当たり・外れの緩衝材にすることもあります。予定に関しては、お客様側でお客様向け仕様の部材（「留型部材」といったりします）などは、部材での引取りまでは保証してくれる会社もあります。

　内示でも同様です。内示は引取り責任があるとはいえ、そうした契約が明確にされず、慣習的に内示のやり取りがされている場合もあります。その場合は、リスクがあるので、そのリスクを考慮して、同様に在庫計

画にリスクを反映します。

■ 内示の精度、企業間取り決めの問題とその対応策

内示の精度がわるい場合、その精度のブレに応じて自社で準備しますが、**できればお客様と内示の取り扱いを契約で合意したほうがよいでしょう。**

たとえば、内示と注文の実績差が±20％ある場合、その差分として20％の上振れにこたえられる安全在庫を積んでおくとか、部品在庫で構えておくとかし、その分のブレは対応すると約束します。約束するということは、保証することになりますが、合意を超えた変動は対応しません。

お客様の言い分を無批判に受け入れるのはビジネスではありません。**物理的に無理なことを無理に行うと、コストが増え、収益が出ず、リスクが増えます。**結構無理をいうお客様がいますが、**きちんとお客様が出してくる内示の精度も保持・共有し、お互いにビジネスが成立するように取り決めを行うべき**です。

一部で「JIT」（Just-In-Time：ジャストインタイム）を強制し、無理に在庫を持たせたうえで、引取り保証をしない会社もあります。

こうした会社はSCM上のパートナーとして自社を見ておらず、本来共有し、相互に負担すべきリスクを一方的に押しつけているのです。こうした会社への依存は、徐々に減らすべきでしょう。SCMとは会社の枠を超えた業務連携であり、お互いの事業の協業なのですから。

販社・倉庫ネットワークの在庫を適正化する「仕販在計画」

販社や倉庫の在庫計画を行い、適切な仕入計画を立案する。

倉庫＝在庫ポイントの在庫を準備する仕販在計画

販売の計画が決まれば、**販売を充たすための在庫の計画を行い、「倉庫＝在庫ポイント」への仕入の計画を立案します**。複数階層があった販売計画から会社で統一して合意された販売計画を選んだら、その計画通りの販売ができるための「**在庫計画**」を立て、その在庫を成り立たせるための「**仕入計画**」を立てます。これを「**仕販在計画**」といいます。会社によっては、「PSI」という略称を使い、「**PSI計画**」ともいいます。

在庫計画を立案するにあたり、必要なことは「**基準在庫**」です。これは、**販売計画を充たすために必要十分で、かつ販売が計画通りにいかずに計画と実績のズレを吸収するリスクを加味した計画**です。基準在庫にもとづく在庫計画は、次バケット（期間）の販売に充てられます。基準在庫については事項で説明します。

仕販在計画において、該当するバケットの仕入計画は、

仕入計画＝ －前残在庫＋販売計画＋基準在庫

と計算します。仮に、前残在庫10個、販売計画100個、基準在庫200個の場合は、「290個＝－10個＋100個＋200個」となります。

在庫ポイント間を連鎖する需要連鎖計画

ここで計算された仕入計画は、仕販在計画を立案した在庫ポイントで必要な仕入計画になるため、この先にある在庫ポイント（＝倉庫）や工場、仕入先に対する仕入要求数になります。各在庫ポイントや工場、仕入先

に仕販在計画が連鎖するので、この計画は「**需要連鎖計画**」と呼ばれます。イメージ的には、各在庫ポイントの仕入計画と販売計画＝出荷計画がつながって連鎖するイメージです（PSI ⇐ PSI ⇐ PSI ⇐ PSI）。在庫ポイントごとに「仕販在計画＝PSI計画」があり、PSI連鎖するのです。

▌PSI連鎖とリードタイム戻しと輸送制約を加味するかどうか

PSIが連鎖する際、在庫ポイント間に輸送が必要になります。すると、在庫ポイント間で輸送リードタイムがかかるので、**バケット間のズレが生じることがあります**。たとえば、10月第1週初頭に仕入れる際に、輸送が1週間かかるなら、9月の第4週初頭に出荷を要求する計画になり、それがサプライチェーンネットワーク上の上流にあたる在庫ポイントの出荷計画バケットになります。こうしたリードタイム（LT）を加味したPSI連鎖を「**リードタイム戻し**」といいます。

また、輸送に能力上の制約がある場合、必要に応じて輸送制約を加味します。たとえば、トラックで毎週8トンまでしか輸送できない場合に、輸送要求で8トン以上の仕入要求が出た際、そのまま8トンのPSIを連鎖させるか、それとも制約を加味して8トンを超える仕入のタイミングをずらして計画連鎖させるという選択が必要になります。

制約を無視してなんとか庸車などして運びきるか、それとも制約を重視し、制約を加味して計画を調整するかといった選択は、会社の計画立案の方針に依存します。

また、輸送制約を加味する際に、**輸送コストに換算して輸送コストを最小化し、計画するといった計画立案方法もあります**。

輸送コスト最適化を目指した計画立案は、コスト計算積算モデルを作らなければなりませんし、そもそもコスト最適化計算結果にもとづいた柔軟な輸送計画・指示の変更ができなければ意味がありません。したがって、業務化するにあたって十分に採否を検討すべきです。

仕販在計画とPSI連鎖

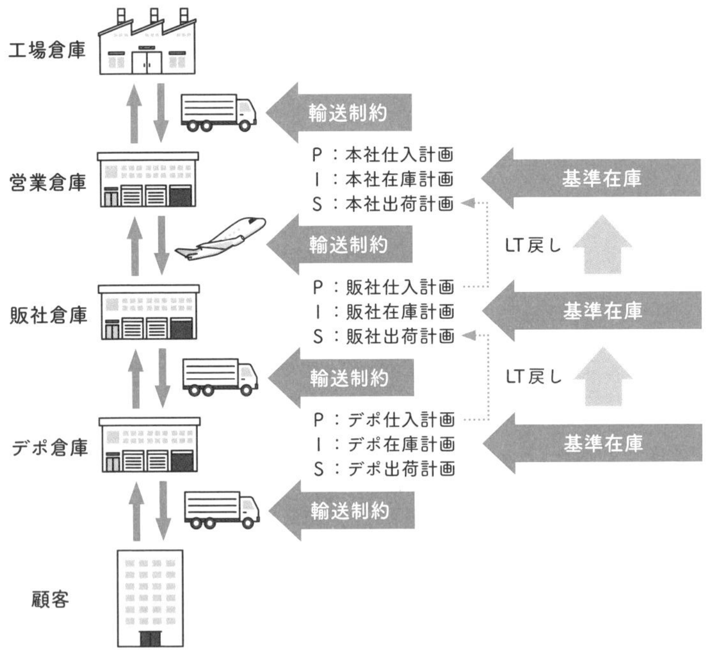
工場倉庫
輸送制約
営業倉庫
P：本社仕入計画
I：本社在庫計画
S：本社出荷計画
基準在庫
輸送制約
LT戻し
販社倉庫
P：販社仕入計画
I：販社在庫計画
S：販社出荷計画
基準在庫
輸送制約
LT戻し
デポ倉庫
P：デポ仕入計画
I：デポ在庫計画
S：デポ出荷計画
基準在庫
輸送制約
顧客

倉庫間の補充を計画業務とするか、補充業務とするかで相違がでる

こうした倉庫などの在庫ポイント間を先のバケットの計画を立案しながらPSI計画をする場合と、計画などせずに、必要のつど簡易な補充計算で補充指示を出す方法もあります。

補充計算は「計画業務」ではなく、補充計算による「実行指示業務」になるのですが、補充計算の基礎となる発注点の考え方として発注点（＝基準在庫）、LT、安全在庫といった考え方が必要なので、ここでとりあげ、次項で基準在庫などの説明を行います。

基準在庫と安全在庫の考え方と さまざまな設定方法

サイクル在庫と安全在庫を区別して基準在庫を設定する。

▌ 基準在庫はサイクル在庫と安全在庫の組み合わせ

計画在庫を計算するにあたって、多くの書籍では「基準在庫」と「安全在庫」の明確な峻別や定義もなく、いきなり統計の話になり、混乱を生んでいるように思います。安全とは何か、安全とはいったい何に対する"安全"なのかが不明瞭なのです。本書では定義して使いましょう。

▪ **基準在庫:**

販売を充たすのに十分かつリスクを見込んだ在庫の数量で、**販売を充たすための在庫（サイクル在庫）**と**リスク対応在庫（安全在庫）**を含んだ在庫で、以下の式で表現します。

> 基準在庫 ＝ サイクル在庫 ＋ 安全在庫

「**サイクル在庫**」とは何かというと、**計画バケット内で立案された販売計画そのものに合致した在庫**です。たとえば、翌月バケットで100個売る計画を立てたなら、100個がサイクル在庫です。

▪ **サイクル在庫:**

計画バケット内で立案された販売計画の販売に充当される、販売計画と合致した在庫。

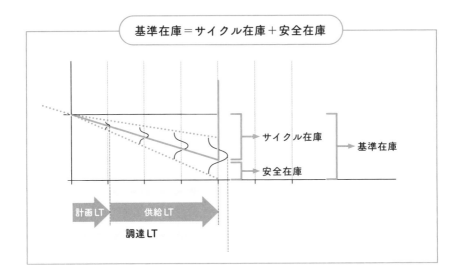

さて、販売計画は計画通りに売れるでしょうか？　販売計画は未来の需要を読んで計画するため、必ずしも当たるとは限りません。たいていの場合は外れるのです。その外れに応じて、外れても外れた分の販売に充当できるだけの想定された在庫が安全在庫です。

▪ 安全在庫：
　ブレにより予測や計画から外れた場合にも充当できることを想定して準備する在庫。

▍統計的安全在庫の基本的な考え方

　それでは、一般に説明される「安全在庫」の基本に触れましょう。安全在庫は、**基準となる計画からどれだけ外れるかを考える**のです。そのため、サイクル在庫を準備してもどこまで外れるかを計算します。この場合、サイクル在庫を準備される平均値と見るので、この平均値からのブレと考えます。

　仮にサイクル在庫を100個とした場合、100個からどれほどズレるケースがあるかといったことを統計的に考えます。

　こうしたバラツキは、統計的には「**正規分布（ベルカーブ）**」になるのです。平均値からのブレは「**s＝シグマ（標準偏差）**」で表します。本書は統計の本ではないので、ここで統計的な説明の詳述は避けますが、このsを使って、どこまでの外れを許容するのかといった議論ができます。

> 1s：カバーできる当てはまりの率 ＝ 68%
> 2s：カバーできる当てはまりの率 ＝ 95%
> 3s：カバーできる当てはまりの率 ＝ 99.7%

　実務的には、外れることで欠品となるのは、プラスに外れたほうなので、欠品の確率で書き直すと、

1s：欠品する確率 ＝（100 − 68）/ 2 ＝ 16%
2s：欠品する確率 ＝（100 − 95）/ 2 ＝ 2.5%
3s：欠品する確率 ＝（100 − 99.7）/ 2 ＝ 0.15%

となります。シグマをどこまで考慮するかで欠品率が変わります。このsの前の1、2、3といった係数は「**安全係数（α）**」と呼ばれます。

　次に、こうした外れるタイミングをどれだけの期間耐えられればよいのかということが問題になります。この期間は、「計画サイクルのバケット＋計画・指示から次の入庫までのバケット数」となります。たとえば、バケットを週とした場合、計画に1週間、指示後の次の入庫に3週間かかるなら4週間のLT分の過剰なブレに耐えられればよいのです。この期間は「**調達リードタイム（LT）**」と呼ばれ、計画LTと供給LTの和になるわけです。安全在庫は、以下で計算されます。

$$\text{安全在庫} = \alpha * s\sqrt{\text{LT}}$$

LTが$\sqrt{\text{LT}}$になっているのは、統計上は標準偏差を計算する際にs計算の差異平方根で除されるためなのですが、この論理はそのまま受け入れてください。どうしても気になる人は、統計の書籍で勉強してくださいね。

　仮にサイクル在庫を100、欠品を極力避けるため安全係数を3、バラツキ＝標準偏差をs＝10、LTを4週とすると、

　安全在庫 ＝ 3*10*$\sqrt{4}$ ＝ 60
　基準在庫 ＝ サイクル在庫 ＋ 安全在庫 ＝ 100 ＋ 60 ＝ 160

となります。

■ 実務的には、簡易な基準在庫定義でも十分使える

　こうした統計的な安全在庫を使う場合、統計的な知識が必要なだけでなく、**統計計算に耐えられるだけの実績データが必要になります。**実際にはデータが少ないとか、むずかしくて運用に耐えられないというケースも多く、統計的な基準在庫が使われている会社はさほど多くはないのです。

　そうしたケースでは、**簡易な基準在庫**が使われます。簡易な基準在庫は、たとえば「2か月分の在庫」とか「販売計画値2倍の在庫」といった簡易な計算で出されています。過去の実績や経験的判断で、「2か月分の在庫があれば欠品せずにこたえられる」といった決め方をされます。

　こうした**簡易な基準在庫はわかりやすく、メンテナンスもしやすいので、それなりの精度で考えられるなら十分実務に使えます。**

　逆に、より精緻にするなら、バラツキ（＝s）を計算する際に、実績のバラツキではなく、計画値と実績値の差異のバラツキ（＝s）で計算するという方法もあります。

　とはいえ、統計予測と同じで、統計的な安全在庫は実績数（＝サンプ

ル数）の制約や運用者の統計的な知識への制約があるため、精緻さを追求するよりも、実務的で妥当なレベルでの設定で十分だと思います。

LTを考慮した在庫への実務的対処

また、リスクを見る際、LTが長ければ長いほど"外れ"に関するリスク対応数量が増大します。LTが長いからといって、そのすべてのLT期間がすべてプラス方向に外れるとも限りませんから、プラス・マイナスの双方向の"外れ"によってある程度の相殺があると想定し、考慮すべき安全在庫を少なめに調整することをします。

たとえば、4か月の海運輸送があるとして、単純に$3s\sqrt{4}$か月などとすると、とんでもない基準在庫になりかねないので、その半分程度に補正しようといった調整を行います。そうしなければ、世界中の在庫ポイントにばく大なリスク在庫を積み上げることになるからです。

適正在庫は、計算で与えられるのではなく、定義するもの

仕事先によっては、「わが社の適正在庫が欲しい」と切望する会社もありますが、まるで適正な在庫が物理方程式のように数学的に計算できると勘違いしている方がいます。

しかし、数学的な理想状態にないなかで使う統計計算は、その程度の精度しかありません。そのうえで素直に統計計算を使って算出してしまうと、とんでもない在庫要求になりかねません。運用できる範囲で、それなりに説明ができ、資金繰りや滞留リスクを考慮して許容できる在庫の基準値を決めるのは、人の仕事になります。

基準在庫は、「適正な基準在庫があるはず」ではなく、「これがわが社の適正な基準在庫だ」と決めていくことが必要なのです。統計予測の統計当てと同様、適正在庫探しにはまらないようにしなければなりません。ビジネスの世界は数学的な世界ではないのですから。

工場生産を最適化し、 在庫をバッファーとする「生販在計画」

工場の平準化生産と営業・販社への供給在庫バッファーの
バランスを目指す。

生販在計画とは何か？

工場側に工場倉庫がある場合、仕販在計画の仕入計画と連携し、**「工場倉庫の出荷計画－在庫計画－生産要求計画」が生販在計画**です。生販在計画の対象となる工場倉庫（在庫ポイント）の在庫は、サプライチェーンネットワークの下流にある倉庫にモノを運ぶためのバッファーとなります。

仕販在計画や生販在計画の在庫計画は、基準在庫の考え方は同様ですが、サイクル在庫の元になる計画は「出荷計画」になります。出荷計画に対し、出荷計画に充当できるだけの基準在庫を準備します。

基準生産計画からまるめを行い、供給計画とつなぐ

生販在計画の**「生産要求計画」**が、工場への生産要求になります。ただし、生産要求計画の単位が小さい場合で、生産の単位（生産ロットサイズ）に満たない場合、生産ロットサイズに合うようにまるめます。

たとえば、生産要求が1個しかない場合で、工場としては10個単位で作らないと効率がわるい場合、1個を10個に"まるめ"ます。これを**「ロットまるめ」**といいます。

また、ロットサイズだけでなく、期間（バケット）をまたいで数字をまるめることもあります。たとえば、週バケット計画で10個、10個、10個、10個と計画があった場合、4週バケットの期間の計画をまるめて40個とします。これを**「期間まるめ」**といいます。期間まるめのあと

にロットまるめをすることもあります。

　計画をまるめたあとの計画を「**基準生産計画**」といいます。基準生産計画ができると、その計画が工場倉庫への入庫予定になります。

■ 営業の販売計画や仕販在計画と
　工場の生販在計画の齟齬の解消

　社内で営業と工場が独自に計画し、お互いの計画数値に齟齬があるまま放置されているケースも多く見受けられます。この状態だと、常に営業と工場で非難合戦が続きます。

　営業いわく「工場は売れるモノの計画をしていないから売上が稼げないし、売れない在庫が残る」、工場いわく「工場のほうが正しい販売予測ができるし、工場の生産性を考慮して計画できる。営業の出す販売計画など当てにならない」といった具合で、欠品と緊急生産、製品在庫滞留を重ねています。

　これでは、お客様に迷惑をかけるうえに、ムダな生産を引き起こすので、お互いの計画の合理化とコミュニケーションの密度を上げ、そのうえで「営業だ、工場だ」といった個別最適ではなく、**会社としてリスクを読んでリスク低減を図り、さまざまな制約条件下で売上利益を最大化できる統合計画を立案しなければなりません。**

　その際、販売計画や仕販在計画は営業組織が立案し、生販在計画と基準生産計画は工場が立案し、お互いの計画の背景とリスクを理解・合意していくことが必要です。

　お互いに勝手な計画で動くのではありませんし、どこかに正しい計画値があって、どちらかの計画が正しいといった争いを目指すわけでもなく、営業も工場も同じ企業体の一員として計画合意するのです。この業務を成り立たせるのが「**S&OP（Sales & Operation Plan）**」、または「**PSI計画**」です。3-11項で説明します。

　その前に供給に影響する制約条件の検証とその対応検討をする必要があるので、3-9で生産・調達制約、3-10項で輸送制約を説明します。

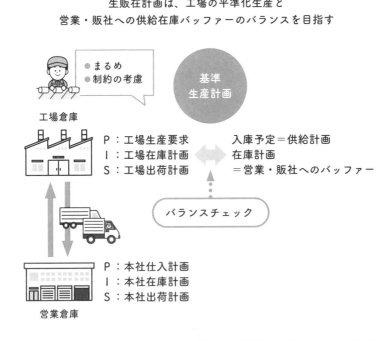

生販在計画

生販在計画は、工場の平準化生産と
営業・販社への供給在庫バッファーのバランスを目指す

- まるめ
- 制約の考慮

工場倉庫

基準
生産計画

P：工場生産要求　　　入庫予定＝供給計画
I：工場在庫計画　　　在庫計画
S：工場出荷計画　　　＝営業・販社へのバッファー

バランスチェック

P：本社仕入計画
I：本社在庫計画
S：本社出荷計画

営業倉庫

工場の収益性を決める
生産計画と能力計画、調達計画の連携

生産計画はモノを作る能力とサプライヤーの供給力を考慮する。

■ 複数の種類がある「生産計画」も定義が必要

　一般に「生産計画」といわれますが、生産計画にもいくつもの種類があります。

　まず、**生販在計画の生産要求**です。これを「生産計画」と呼ぶ会社もあります。また、仕販在計画の生産要求を受けて"まるめ"などを経て工場で作るための計画である「**基準生産計画**」があります。

　基準生産計画を受けて、工場の生産能力を考慮して、実際に作ることができる計画を立案します。これを「**制約考慮後の基準生産計画**」といいます。本項では、この**制約考慮後の基準生産計画を立案する方法**を説明します。

　生産計画と呼ばれることがある計画は、もう1つあります。各工程、各設備で日々作る生産順序を決めた計画は「**小日程計画**」といいますが、この計画を生産計画と呼ぶ会社もあります。

■ 生産計画を立案する際に考慮する制約

　制約条件を考慮した生産計画（制約考慮後の基準生産計画）を立案する際、考慮する制約はいくつもあります。

　代表的な制約は、「**生産能力**」です。生産能力には、製造時に使われる工数の元になる、設備稼働時間や人員能力などがあります。設備の稼働時間を超えた生産はできませんし、人がいないのに生産はできません。工場や設備の稼働カレンダー、人員カレンダーによって稼働日数や稼働

時間が制約されます。

　能力だけでなく、そもそも生産を成り立たせるための前提となる条件もあります。たとえば、治工具の数が足りない場合は、治工具が使えた設備でしか製造できません。

　人のスキルも制約になります。スキルの高い人ならできる製造も、スキルが低いとできない場合があります。そうすると、人がいても生産できないといった事態も生じます。

　また、用意された設備や人の工数を使い切るにも、設備の切り替え、段取りに時間がかかる場合とかからない場合があります。この段取り切り替え順序が工数を消費し、製造に影響するのです。たとえば、白インクのあとに黒インクを作る場合と黒インクのあとに白インクを作る場合では、洗浄時間という切り替え・段取りの時間が異なるのです。これを「**段取り制約**」とか「**生産順序制約**」といいます。

　生産に必要な部材も制約です。購入部材は調達計画で考慮して調達します。

　制約を考慮する基準生産計画で見るべき主な制約は、「生産能力制約」と「調達制約」です。「治工具制約」や「段取り制約」は小日程計画で考慮します。

■ 生産計画にともなう能力計画

　生産計画を立案する際は、同時に「能力計画」をします。たいていの場合、年度の予算によって月々の能力計画が行われ、このときに計画された能力が月次の能力制約となります。工場の能力は投資された設備費用や社員などの固定費を回収できる稼働率の目標を決め、稼働日数を決めていきます。

　稼働日数が決まれば、稼働日に応じた設備の必要処理能力、必要な人員数を割り出し、必要があれば設備能力増力計画を行って設備投資計画をし、採用計画をします。

　ここで設定された**稼働率目標、稼働日計画、設備能力計画、人員計画**が、「**月次で行う生産計画**」の**制約**となります。

月次の生産計画時の能力計画の調整

　予算で制約条件となったとはいえ、**制約には生産能力として考慮せざるを得ないハードな制約（月次の計画では調整不能な制約）と、調整ができるソフトな制約（月次の計画で調整可能な制約）**があります。

　ハードな制約は工場の設備の能力制約です。大型設備などは1日の最大能力を変えられません。変えたい場合は、3か年計画で長期の投資計画を立案し、予算に落とし込んでおく必要があります。月次の計画ではハードな制約は従わざるを得ません。

　一方、**少々の能力増強（効率化投資）や人員の増減による能力調整は、ソフトな制約**です。月次の生産計画でもある程度は調整可能ですが、それでも限度はあります。いきなり、2か月後に人員を2倍にするなどといったことは不可能です。せいぜい、残業や休日出勤、他工場からの応援や臨時採用で対応できる程度です。

　したがって、月次の生産計画では、ハードな制約以上の生産計画は立案できず、ソフトな制約であっても基本は従い、微調整ができるかどうかの判断が必要です。投資やコストもかかりますから簡単ではないのです。

生産能力を考慮した平準化生産と計画調整

　通常は、制約になっている生産能力を考慮して「生産計画」を立案します。もし、大きな生産要求がきた場合、ソフトな制約の調整による対応だけでは不足する場合、前倒し生産をするなどの判断が必要です。その際は、在庫がふくれ上がり、先行生産による調達が可能か、調達の制約に引っかからないかを検証し、決定します。

　一方、生産要求が大幅に減少しても、準備した生産能力がムダになる

場合は、同様に生産を前倒しして、平準化生産を決定することもあります。平準化した生産ができれば、生産が安定し、コストもコントロールしやすいからです。

■ 調達を確実にする調達計画の段階ローリングと サプライヤー連携

制約は部材にもあります。いつでも簡単に買える部材でない場合、購入数量に制限が生じる場合があります。たとえば、半導体などのハイテク部材は3か月前の発注を要求されたりします。そうすると、3か月前に発注した数量が生産の制約になります。直近に急な増産をしようとしても部材が制約となります。

こうした**調達制約は、サプライヤーと調達計画を共有しながら、計画つど変更を反映（「計画をローリングする」という）し、調整しながら発注までこぎつけます。**

たとえば、3か月前に予定を出し、2か月前に内示を出し、1か月前に発注をすることで、3か月前⇒2か月前⇒1か月前の各計画を段階的に上下動して調整します。上下の変更は、3か月前：±20％⇒2か月前：±10％⇒1か月前：±5％などの変動幅を許容したりします。

サプライヤーとは、2か月前の内示については買い取り補償をしたりすることでリスクを共有します。また、予算で年間購入数量や金額を合意したうえで、月次で調整していくことも必要です。これを「**枠取り**」といい、枠取りの"枠"を同様にローリングしていくわけです。

制約に関わる調整と意思決定は、S&OPやPSIでの調整と会社での意思決定事項になります。供給数量が決まるため、売上に影響し、コストや在庫リスクに直結するからです。

▍生産計画の小日程計画への連携と
　部材の所要量計算への連携

　能力計画をするとともに、能力制約を考慮した「生産計画」ができれば、日々の製造の順序計画を立案する「小日程計画」と部材を調達するための「所要量計算」へのインプットになります。

　小日程計画や所要量計算については、実行系業務として第4章にて説明します。

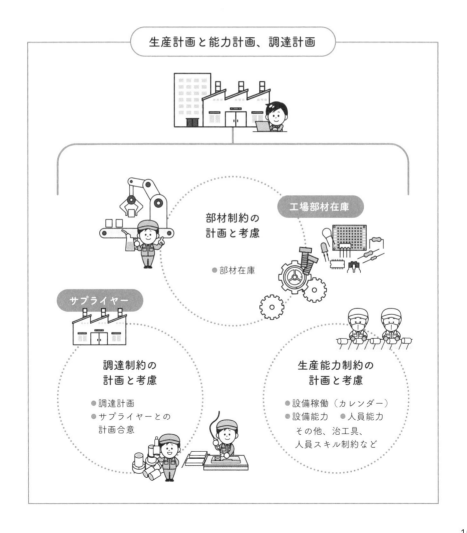

生産計画と能力計画、調達計画

工場部材在庫

部材制約の
計画と考慮

● 部材在庫

サプライヤー

調達制約の
計画と考慮

● 調達計画
● サプライヤーとの
　計画合意

生産能力制約の
計画と考慮

● 設備稼働（カレンダー）
● 設備能力　● 人員能力
　その他、治工具、
　人員スキル制約など

輸送能力調整と輸送業者・倉庫との
計画連携の有用性

輸送能力を計画的に押さえ、倉庫稼働を適正に保つ計画と連携が重要。

▌ 仕販在計画における輸送制約の考慮と調整

　仕販在計画では、**倉庫間の輸送能力**を考慮する必要があります。予算や月次の計画によって、輸送能力は長期的に決まっており、輸送能力は制約になります。急な輸送要求を出しても、トラックがない、船がないとなるわけです。

　輸送能力はソフトな制約です。トラックは通常契約しているものに加え、庸車することができれば輸送増でも対応できます。船や飛行機は"腹に余裕"＝輸送能力に余裕があれば追加で積み込みも可能です。もちろん、庸車も追加の"腹の押さえ"もコストが上がりますが、必要があれば計画にもとづいて手配します。

　輸送費用は年度で長期的に物流業者と合意していますが、自社物流やグループ会社の場合は、工場の能力と同様に、せっかく用意した輸送能力がムダになったり、先に輸送の山が見えたりする場合には、平準化輸送や前倒し輸送を検討し、意思決定することもあります。

▌ 倉庫保管能力の考慮、倉庫能力の計画と
　 借庫手配の連携

　輸送計画は単独で意思決定できません。**倉庫の保管能力**にも制約があります。倉庫の保管制約も、長期的な倉庫能力の所要数量を計算して決めていきます。

　倉庫の保管能力は、**仕販在計画や生販在計画で立案された在庫計画に**

対し、**保管能力を算出します**。倉庫が自社倉庫の場合はハードな制約になります。しかし、必要なときは外部倉庫を借庫することで、ソフトな制約として扱うことも可能です。

倉庫があふれるので、生産を止めたり、調達を止めたりするというのは意思決定がむずかしいところです。倉庫の保管都合で売上や生産を落とすのは大きな損失だからです。したがって、借庫するなりしてなんとか保管能力を上げていきます。

同様に、輸送能力を使い切るべく、トラックの積載効率を最大化して送ることもあります。しかし、積載効率を重視するあまり、不必要に倉庫能力を圧迫する場合は、積載効率を落として輸送を実施する意思決定も必要です。こうした**意思決定は、営業・工場と物流部門のコミュニケーションが密でなければなりません。**

倉庫の荷受け・出荷などを適正に行うための 事前計画の共有

営業、工場と物流部門のコミュニケーションが密であることは、**倉庫の人員計画**にも必要なことになります。

倉庫では、荷受け・出荷でそれなりに人が必要になります。あまりに大量の荷受けがあると、倉庫入庫が滞（とどこお）ったり、システムへの入庫処理が遅延したりします。また、あまりに大量の出荷があると、出荷が間に合わないとか、トラックの荷渡しや発車タイミングに間に合わずに残荷する可能性もあります。

こうした場合は、**事前に発注計画と入庫予定、販売計画や商談情報にもとづく出荷予定などの「計画情報」を共有し、倉庫での人員計画への事前情報**とします。

倉庫の計画的な適正保管能力運用と人員計画は、確実な荷受けと出荷のために必須の業務です。物流と計画連携することで、物流部門を"その日暮らし"のような煩雑な業務から解放したいものです。

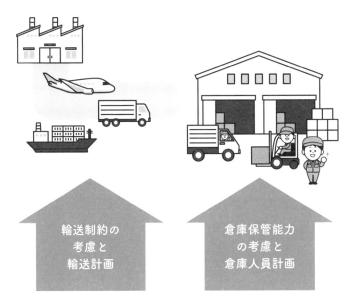

輸送計画と倉庫人員計画の連携

輸送能力を計画的に押さえ、倉庫稼働を適正に保つため、
販売計画、生産計画（＝供給計画・入庫予定）と連携する

輸送制約の
考慮と
輸送計画

倉庫保管能力
の考慮と
倉庫人員計画

販売計画、生産計画＝供給計画・入庫予定と連携することで
事前に準備・調整を行う

事業計画との連動・対比で
S&OP・PSI計画を行う

単なる数量の計画を超え、金額での検証とリスク対応を決める。

■ 営業と生産、調達の各計画の連携と
事業計画とのすり合わせ

　販売計画と生産計画、調達計画は、各部門が個別で立案し、あまり調整されない会社が多いものです。そういう会社では、いくら「当社はSCMをやっている、できている」といっても、実態としてはSCMをやっていないことになります。

　各組織が勝手気ままに計画し、自部門の利害だけで振る舞っていては、供給に問題を起こしたり、ムダな在庫や生産を生じさせたりしてしまいます。結果的に、お客様に迷惑をかけ、自社を高コスト体質の会社にしてしまいます。これはSCMではありません。

　お客様の要望にこたえるためには、でき得る限り、**販売を先読みして計画的に生産し、調達します**。

　ただし、サプライチェーン上には各種の制約があることは確認した通りです。制約を顧慮しながら、**制約を最大限活用し、かつ調整し、売上利益の最大化とリスクの最小化を狙う**のです。

　そのために**営業の販売計画、仕販在計画、工場の生販在計画、生産計画、能力計画、調達計画を共有・可視化しながら計画を調整していくことが必要**になります。同時に、物流上の制約も考慮し、必要な調整を行います。**こうした計画の調整を行うのが、「S&OP」や「PSI計画」と呼ばれる業務**です。

　S&OPやPSI計画では、**サプライチェーン上の実績と計画を共有し、部門間ですり合わせながら調整していきます**。たとえば、予算でサプラ

イヤーと合意した調達計画上の枠取りの“枠”がある場合で、販売計画が上振れした際に、追加調達が可能かどうか確認し、可能であれば販売計画を是とします。

しかし、こうした販売の上振れが各営業組織に生じ、各仕販在計画の仕入要求が増大してしまい、“枠”を超えた場合は、**供給数量を配分する必要性が生じます**。これを「**供給配分**」とか「**アロケーション**」といいます。

供給配分が生じる際、割り当てられた供給数量では販売計画が達成できないときがあります。営業部門としては評価に関わるので、大問題ですが、**物理的に供給困難の場合、どの売上を優先し、どの売上を削るのかといった経営上の判断が必要**になります。事業計画の達成にも影響するので、こうしたときに、財務上のインパクトを分析し、最終的にマネジメント層が意思決定をします。

同様に、「販売計画」が高くても、その見込みが高くない場合、**どこまで販売計画に応じた生産や調達を行うべきかといった意思決定**も必要になります。

計画達成できれば問題ありませんが、達成しないと在庫の山です。それでも、リスクを冒してでも生産・調達するという意思決定もあります。このようなことにもマネジメント層の意思決定が必要です。

▌ 新製品開発、終売・生産中止、マーケティングとの計画統合

さらに、S&OPやPSI計画では、新製品開発、終売・生産中止、マーケティング上の施策を反映して「販売計画」を決め、生産の継続・中止、新製品への切り替えなどをコントロールしていきます。

新製品の開発は遅れがちで、終売や生産中止を決めた製品の供給を継続しなければならないケースもあります。あるいは、お客様をうまくコントロールできず、中止品をいつまでも受注しているケースもあります。

こうした自社製品の切り替えのライフサイクルに合わせた販売計画立

案、生産・調達対応も事業計画の達成に大きな影響を及ぼします。

　会社として統合してライフサイクルをコントロールし、事業計画の達成を目指すためにも、**S&OPやPSI計画には商品企画・開発部門も関わって、全体最適の意思決定とコントロールができるようにすることが必要**です。

SCMの計画業務は事業計画達成のためのマネジメントの意思決定業務

S&OPやPSI計画は、単なる数量上の計画合意ではなく、財務的なインパクトの検証を経て、事業計画の達成と過剰在庫、コスト増といった財務的リスクを背負っての意思決定なのです。複雑化が増す現代のビジネス環境下では、**SCMは単なる作業的業務（オペレーション）ではなく、経営管理業務（マネジメント）**です。

以前、日本の会社は「製販統合」といって、営業と生産・調達ですり合わせ型で計画を立案していました。しかし、各業務が専門化する過程で組織間の調整が弱くなり、個別最適のタコつぼ化（サイロ化）が進んでしまったのです。

もし、こうした組織間の連携が必要であれば、S&OPやPSI計画業務を構築し、マネジメント層を巻き込んで分析、計画を共有したうえで、経営的な意思決定を行うようにしていくことが必要でしょう。

MINI COLUMN ③ ――――――――――――――― **SCMの用語説明②**

● **S & OP（Sales & Operation Plan）：販売計画ならびに事業計画**

販売計画と生産計画、能力計画や調達計画などの台数と金額の計画を同時に計画し、検証し、意思決定すること。

● **PSI：生販在計画、仕販在計画**

Production/Sales/Inventory、Purchase/Sales/Inventory の略で、生産・販売・在庫計画（生販在計画）、仕入・販売・在庫計画（仕販在計画）を指す。

単なる会計統合ではない
連結経営としての「グローバルSCM」

グローバル管理とは、グローバルSCMの構築と同義。

▌グローバルSCMでは連結経営としての意思決定が必要

　取引がグローバル化してきているため、グローバル経営の必要性が唱えられています。国内の管理だけでなく、**海外販社や海外工場を含めたマネージ＆コントロールが必要**になっています。

　グローバル経営は、国境を越えた連結経営です。SCMの目的が「連結利益の最大化」と「経営基盤の強化」ですから、まさに**グローバルでの連結経営を支える経営手法**ということができます。

　しかし、残念ながら多くの日本企業の連結経営は、単に会計の統合に留まっていて、SCMとしてグローバルに統制が効いていることはまれです。財務会計の連結統合だけでは、単なる数値合わせになりかねず、グローバルでの販売方針、在庫方針、生産方針、調達方針、物流方針がないがしろにされているケースを多く見ます。

　たとえば、販社の仕販在計画を国内本社は一切統制せずに受け入れる会社もあります。販売計画は販社任せ、仕入計画も販社任せで、計画に従って製造していたら、急に追加生産要求が来て大混乱になったり、いつまでたっても**販社注文（PO：Purchase Order）**が入らずに滞留在庫を本社が負担するような状況になったり、といった状況が起きます。

　そもそも販社の販売計画は本社の海外統括営業のような組織が統制し、在庫計画を監視して、妥当な仕入計画を出させるべきですし、その範囲内で合意したPOを打たせるべきです。そうした統制を行わないので、まるで本社が下請けサプライヤーのように扱われ、緊急生産・出荷や注文キャンセルを受け入れざるを得なくなるのです。

これでは、急な生産波動で高コスト製造になりますし、在庫滞留の資金繰りの負担が生じます。会計だけでなく、業務も連結で統合する必要があるのです。

■ SCMのグローバル化に従って「グローバルSCM」の構築が必要に

本社は海外拠点の予算策定を統制し、販社の販売計画は本社の意思を入れた計画立案にすべきです。たとえば、私のクライアントの話をしましょう。ハイテク市販品を扱う会社です。

販社が工場に対し、月々大口発注とゼロ発注を繰り返すので、急な残業生産と手待ちが発生していました。販社計画担当者のレベルが低く、月1回大量発注をして在庫を売り減らし、なくなったら発注していたのです。たまに欠品すると緊急空輸です。

このようなずさんな業務をやめさせ、船に合わせて毎週発注とし、工場は「平準化生産」、発注は「平準化生産」された生産分の製品を買い取らせることにしました。ただし、工場は平準化生産といっても、販売計画に対して在庫が順当に保持することで生産計画を立案し、作って送ったのです。つまり、なくなったら発注ではなく、在庫をバッファーにある一定比率（この会社の場合は在庫月数が1.5か月から〇か月に入るように、在庫をバッファーとした生産計画）になるよう生産するルールにしたのです。

こうすることで、販社の在庫も減り、平準化により生産コストも下がり、供給問題も起こさず確実に売ることができるようになり、売上、利益、資金繰りともに飛躍的に改善しました。

海外拠点だからといって、その業務は不可侵ではありません。本社が統制して業務を定義し、統括することで、**連結利益も向上し、連結経営上の経営基盤も強化できる**のです。

グローバルSCM/連結管理

単純な連結会計統合から、
SCMを統合したグローバルSCM/連結管理へ

本社は世界中の拠点の販売、生産、調達、在庫を
マネージし、連結収益最大を統制・実現することで、
連結経営基盤の強化を行い、
グローバルSCM/連結経営管理を実現する

MINI COLUMN ④ ─────────── SCMの用語説明③ ─

● MRP（Material Requirement Plan）：資材所要量計画または計算
　MRPは製品から必要な構成部品や原材料の必要数量（所要量）を
算出する業務ですが、業務だけでなくシステムを指すこともあります。

グローバルSCMを推進する本社の
事業統括する意思という課題

　2000年ごろのSCMの大ブームが残した勘違いがあります。海外販社と海外工場の間のやり取りに本社が関わると非効率なので、相互にやらせればよいということです。その結果、複数販社がある場合などでは、その調整ができなくなり、早い者勝ち、声の大きい者勝ちになり、かえって効率を落とし、お客様の評判も落としました。

　制約がある工場に対し、個別販社都合の個別最適業務では、まともなSCMはできません。グローバルSCMを再構築し、グローバルS&OP/PSIを導入して統制が可能になりました。

●本社営業が海外販社にお伺いを立てる愚

　実体として、あまりに海外任せになっており、海外販社、特に欧米の販社にモノ申せない本社がたくさんあります。本社が海外の営業活動を統括せず、販売方針を上位下達できないため、販社は計画を出しっぱなしで売れ残りは知らん顔です。

　販社の販売計画を統制し、残在庫は売り切るマーケ施策込みで販売計画を立案させようとしても、営業統括役員からして及び腰だったりします。日本はまるでサプライヤー扱い、海外販社のいうことを聞くだけでは、本社ではありません。

　グローバルS&OP/PSIを導入するにあたって、本社としての営業統括機能も同時に再立ち上げが必要になりました。本社は全世界を統制する機能として、きちんと機能を果たすべきです。

Chapter

4

SCMの実行業務パフォーマンスが QCDを最適化する

実行業務の正確さ、迅速さ、低コスト化が収益性を継続させる

繰り返し実行される実行業務は、継続的な競争力の土台となる。

■ 実行業務① 販売物流実行：
受注〜出荷、売上〜売掛管理の業務

「実行業務」の１つに、販売物流に関する業務と売掛管理があります。販売物流とは、販売に関わる業務と、販売の際に実施される輸配送などの物流業務です。

お客様からの受注を受けて、在庫を引当し、出荷します。出荷時は、倉庫に出荷指示を出し、倉庫でピッキングを行い、トラックや船、飛行機などを手配し、荷を引き渡します。受注から出荷に至るまでの一連の業務です。

在庫がある在庫販売型や見込生産型の生産方式では在庫を引き当てますが、受注生産や個別受注生産では引き当てできる製品在庫がないため、受注残として保持し、製品入庫がされた際に受注に引き当てて出荷します。

出荷したら、自社の売上計上基準に従って、売上計上をします。出荷したら売上する**「出荷基準」**、お客様に着荷したら売上計上する**「着荷基準」**、お客様に着荷後検収を上げたら売上計上する**「検収基準」**などがあります。

売上計上と同時に請求処理を行い、売掛金の管理をします。売掛金が回収されたら、入金による売掛金の消込をして売掛金の残高を合わせます。

▌ 実行業務② 製造実行：
製造・出庫指示、製造、実績計上の業務

実行業務で、**生産をともなう業務が「製造実行」**です。

一般に「生産」と「製造」という言葉はあいまいに使われていますが、本書では計画、所要量計算、能力計画、調達計画などの**収益管理に関わる業務を「生産」**と認識し、**指示にもとづいてモノづくりに関わる業務を行うことを「製造」**と認識します。

したがって、製造にからむ製造・出庫指示、製造、実績計上といった一連の現場で行われる業務を「製造実行業務」ととらえます。

▌ 実行業務③ 調達実行：
発注～入庫、仕入～買掛管理の業務

実行業務で、**外部からの購入を行う業務が「調達業務」**です。調達指示にもとづき発注します。発注したら入庫予定として管理し、納期管理を行います。

入庫されたら入庫予定を消し込み、受入検査を実施して入庫受入をします。入庫受入により、調達品が自社の資産になり、仕入計上を行い、買掛金の計上を行います。仕入先であるサプライヤーからの請求に対して支払いを実施したら、買掛金を消し込み、残高を合わせます。

▌ 実行業務④ 補充物流・貿易実行：
補充～転送・輸配送などの業務

倉庫管理に関わる業務、倉庫間の補充に関わる倉庫間転送、輸配送の業務が「物流実行業務」です。

倉庫の在庫を出荷に耐えられるように補充計算を行います。計画業務における在庫計画は、生産や調達を行う際のもととなる業務で、月次サイクルや週次サイクルで実施されます。しかし、補充計算は日次サイクルで実施され、すでに準備されたサプライチェーン上の上流の倉庫に対

する転送指示になります。

　倉庫間の輸配送業務も物流業務です。お客様に届ける輸配送は販売物流業務で物流業務と重複しますが、実行業務においては同じものです。

　輸出入がからむ場合は貿易業務があります。輸出に必要な書類を用意、輸出の処理を行ったり、輸入の処理を行ったりします。

　こうした実行業務の詳細のデザインの仕方を説明していきましょう。

実行業務の業務内容

実行業務	業務内容
販売物流実行	受注〜出荷、輸配送
	売上〜売掛管理
製造実行	製造・出庫指示、製造、実績計上
調達実行	発注〜入庫
	仕入〜買掛管理
補充物流・貿易実行	倉庫補充〜転送〜輸配送
	貿易管理

販売物流業務は、低コストで サービスを向上させることを目指す

お客様と受注形態を層別分類し、競争力とコストをバランスさせる。

■ 販売物流の目的は低コストとサービス向上の両立

　販売物流の業務は、**受注～出荷、輸配送、売上～売掛管理**です。こうした業務は繰り返し性が高く、できるだけ効率的に構築します。できるだけ自動化し、人手をかけずに高速で処理できるようにしたいものです。

　輸配送業務はお客様に届けることです。**輸配送業務もスピードを上げて速くお客様にモノが届けられるようにします。**サービスの向上になり、売上貢献につながります。

　しかし、どのようなときも高いサービスを提供していてはコストが上がります。業務を層別分類したうえで、お客様を分類したり、輸配送スピードを層別したりして、コストをバランスよくかけられるようにしたうえで、**層別分類したサービス**を徹底します。

　たとえば、大口顧客には即納できる物流サービス、めったに注文が来ない顧客には時間がかかる物流形態にして運ぶといったことです。

　売上処理もできるだけ標準化します。特に請求に関しては過去の経緯からよくわからない値引き形態がお客様ごと、品目ごと、時期ごとに残っていて請求書作成に時間がとられていることがあります。できれば、売上増に貢献しない値引き形態などは廃止して、簡素な形にします。

　繰り返し性の高い販売物流業務は、定義したサービス維持と低コストでの運営が可能なように業務を組み立てます。

　層別ができず、会社にコストをかけ、さらにムダな業務を生んでいるのは、受注の定義があいまいで、なんでもありの人的作業になっている

こと、受注の方法が整理されず煩雑になっていることなどがあり、標準化や効率化をさまたげています。受注の定義や受注の仕方の整理の方法を見ていきましょう。

■ 受注の定義と引当の"原資"による引当の定義の重要性

受注の定義が必要と聞いて驚かれる方もいるかもしれませんが、多くの会社ではこの「受注」という業務があいまいな場合があります。受注とは、お客様との販売－購入の商取引上の契約行為なのですが、けっこういい加減に扱っている会社も多いのです。

受注のあいまいさに連動して、在庫の引当もあいまいな受注に対して行われるため、会社に損失を与えていることがあります。業界や会社によっては、受注していないのに社内的には受注と同様の扱いをして製品を引き当ててしまい、お客様からの"実の＝正式な"受注を待っているケースがあります。

いわゆる「確保」、「特定客先向け出荷保留」、「保持」などと呼ばれる行為です。仮に、すぐ欲しいお客様から受注をもらっても、「確保」されている在庫は出荷できず、失注します。販売機会ロスです。

また、「確保」した相手のお客様が確実に発注をしてくれて自社の受注になるのであればよいのですが、そうならずにキャンセルになることもあります。そうすると、ムダな在庫保持がされていたうえに、その後発注が来なくなり、在庫滞留、果ては廃棄などになると大損です。

販売機会ロスと在滞留リスクが生じますが、慣習的に"実の＝正式な"受注がなくとも、営業が受注としてシステムに登録したり、在庫を引き当ててしまったりしていることがあります。こうした会社では、常に失注と滞留を繰り返しています。

もちろん、お客様に確実に出荷するために必要な場合もあるでしょう。その際は、受注扱いではなく、計画的に在庫の保管場所を分け、営業ががんばって必ず受注をとるように仕向けるべきです。

　また、営業が自由に引当したり、「確保」したりできないように、受注をお客様からの注文書なしにできない、または、内示をいただき引取り責任をお客様に負わせるなどの正式な商取引として定義します。そうしないと、お客様は常に自社をいいように使い、社内は常にドタバタして調整に追われるか、山のような在庫を抱えるかになってしまいます。

　受注はお客様から「**発注がある業務**」、内示はお客様に引取り責任がある「**受注相当業務**」、それ以外は「**受注ではない**」といった明確な定義をします。発注－受注は契約行為なのですから、コンプライアンス上も、きちんと定義します。

■ 受注フロントのデザインとサービスと　効率化のバランス

　お客様との接点は「受注業務」になります。お客様の発注と対になる業務です。お客様接点で受注をとるポイントは「**受注フロント**」といいます。

　受注フロントは、**お客様へのサービスと自社の効率化のあり方が決まってしまう重要な接点**です。たとえば、FAX受注とWeb受注ではどんな違いがあるでしょうか。

　FAX受注は、お客様側でFAX送信が必要です。お互いにシステム化が遅れていて、FAXで手書き注文書が送られてくるような場合、FAXの受領後に自社システムで受注入力の手入力が発生し、工数がかかるうえに、ミスも発生します。受注受付されたのかどうかもお客様にはわかりません。未送信に気づかないとか、紛失されるとかがあると、お客様も困ります。手書きFAXだと、品目を転記しなければならずミスも起きます。字の読み取りができないとか、あいまいな注文なために電話やメールで問い合わせが行き来したりして時間がかかるとか、ムダな作業が発生します。

　一方、Web注文では製品がすぐ検索できたり、前回の発注履歴を使っ

たりできますし、ミスがありません。受注受付の返信をすぐ返せば、受注可否もすぐわかります。Web画面のため、さらにさまざまなサービスを埋め込めます。このように**受注フロントを上手にデザインすれば、サービスレベルが上がる**のです。

力関係があるため、お客様からお客様にとっての便利な発注形態を押しつけられることがありますが、その際もできるだけシステム化し、人手を介した受注登録は極力やめる方向にします。自社の受注フロントを使ってくれるのであれば、より強力な関係性の構築になりますし、標準化になります。

▍受注センター化による組織統合、外注化検討

受注業務が標準化できれば、「**受注センター化**」して、受注処理担当者を1か所に集めたりでき、さらに外注化もできます。各営業者に受注担当がいて、受注担当しかお客様の事情がわからないといった旧態依然のやり方では、サービスレベルの向上も効率化もなかなか進みません。標準化をつきつめることで、可能であれば受注センター化も競争優位への仕組みの1つでしょう。

▍受注のDXによる競争力の向上

Web受注ができれば、お客様に開示するWeb上にカタログを置いたり、技術仕様を置いたりすることができます。出荷や輸送の進捗状況を開示したり、場合によっては在庫を開示したりすることでよりサービスレベルを上げられます。

また、B2Bのような商談を経由して仕様のつめや見積もりを提示する場合、お客様訪問中にモバイルでの照会、受注登録などもできるため効率的です。受注フロントは、「**DX（デジタルトランスフォーメーション）**」による競争力の向上の対象になります。

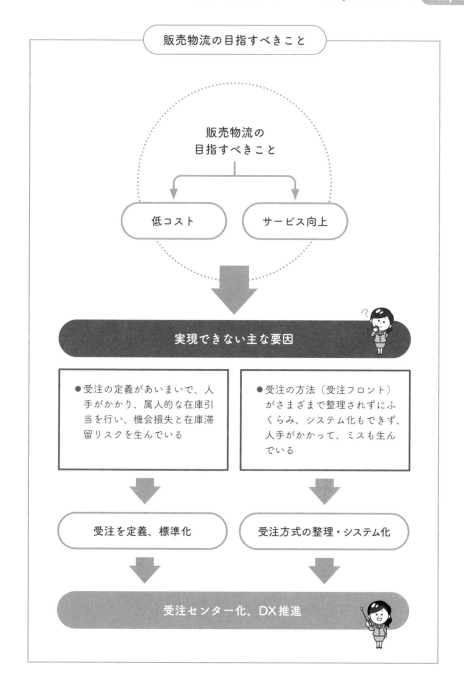

販売物流の目指すべきこと

販売物流の
目指すべきこと

低コスト サービス向上

実現できない主な要因

●受注の定義があいまいで、人手がかかり、属人的な在庫引当を行い、機会損失と在庫滞留リスクを生んでいる

●受注の方法（受注フロント）がさまざまで整理されずにふくらみ、システム化もできず、人手がかかって、ミスも生んでいる

受注を定義、標準化 受注方式の整理・システム化

受注センター化、DX推進

生産順序を適正化し、製造指示統制を行う「製造管理」業務

小日程計画は指示と実績のひもづけ管理によって統制する。

小日程計画は製造順序計画の立案と制約のチェック

「小日程計画」とは、品目ごとの製造順序計画を立案することです。この計画で**製造すべき品目の製造の順序を決めます**。「基準生産計画」では製造の順序までは決まっていませんから、製造順序の計画立案が必要なのです。製造の順序によって効率が左右されるからです。

たとえば、白インクのあとに黒インクを作る場合と、黒インクのあとに白インクを作る場合、どちらの効率がよいでしょう。もちろん、「白⇒黒」の順です。「白⇒黒」は洗浄などの手間があまりかかりませんが、「黒⇒白」は黒インクが白インクに混ざらないように、より入念な洗浄が必要です。

このように**生産順序は効率に影響がある**のです。こうした洗浄は「**段取り**」と呼ばれる次の製造を開始するための準備作業です。段取りは非製造時間ですから、少ないほど効率がいいわけです。

効率重視の視点だけでなく、**製造順序を考える際には制約条件をチェックしなければなりません**。たとえば「**生産能力**」です。生産要求数に対し、生産能力が少なければ優先順位を考えなければなりません。優先的に作るべき品目とそうでない品目を識別しなければなりません。

また、設備の占有状態も検討します。品目によって製造できる＝かけることができる設備とかけることができない設備があります。どの設備でもかけられる品目もあります。こうした場合、かけられる設備が限られる品目を優先しないと、その品目の製造が遅れてしまう場合があります。

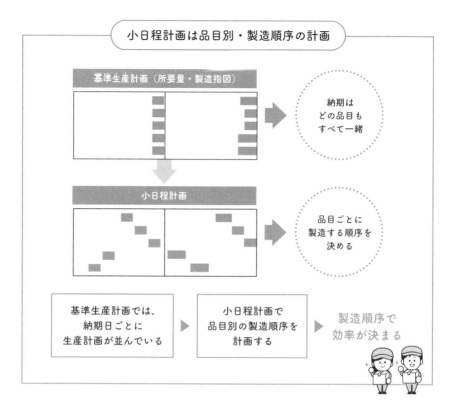

効率と制約を考慮して、最も適した製造順序計画を立案することが必要なのです。

製造指図、小日程計画、製造指示の関係を整理する

所要量計算の結果、品目別の1日で製造する製造要求が出ます。1日のなかで「所要量計算＝製造数」が同じであれば問題ありませんが、段取り時間や制約条件などを考慮すると、1日で終わらずに複数日にまたがった「小日程計画＝製造順序計画」となる可能性があります。

納期遵守を優先に小日程計画が立案されるのが一般的なため、仮に製造日がずれても前倒しになるはずなので、製造指図は変更せずに小日程計画を製造指示の作成に連携して使うやり方があります。

一方で、小日程計画によって製造ロットナンバーが採番されたり、設

備稼働優先ルールの結果、製造タイミングが後ろ倒しになったりする場合や当初の製造指図に変更が加わる場合、小日程計画結果をMRP（資材所要量計画）に戻し、指図の切り直しをすることもあります。

上の例では、「所要量計算⇒製造指図⇒小日程計画⇒作業指示」という業務の流れになります。システム的には、「MRP（所要量計算⇒製造指図）⇒スケジューラー（小日程計画）」となります。下の例では「所要量計算⇒製造指図⇒小日程計画⇒製造指図変更⇒作業指示」となります。

業務の流れはこのようになるのですが、システム上の連携が異なる場合があります。システム的には、「MRP（所要量計算⇒製造指図）⇒スケジューラー（小日程計画）⇒MES（作業指示）」とシステム連携する場合と「MRP（所要量計算⇒製造指図）⇒スケジューラー（小日程計画）」と「MRP（所要量計算⇒製造指図）⇒MES（作業指示）」を分断し、小日程計画は製造指示と並列で現場に開示する方法です。

業務の流れとシステム連携の流れを必ずしも同じにしない理由は、同じにするとシステム連携が複雑になり、変更などに耐えられなくなること、システム連携の開発コストが高くなること、そこまでシステムでガチガチにすると現場作業の柔軟性がなくなり効率がわるくなることなど、さまざまな理由があります。

製造指図、小日程計画、製造指示の関係の整理は大切ですので、自社の連携方法としてどのような形が適切か、きちんとデザインすることが必須です。

■ 製造指図を受けた作業展開と製造指示の出し方

作業指示を出すにあたり、**所要量計算の結果、発行された製造指図をより細かい作業工程での作業ベースの指示に展開します。これを「作業展開」**といいます。

たとえば、組立工程といっても、部品取り揃え、事前組立、本組立、

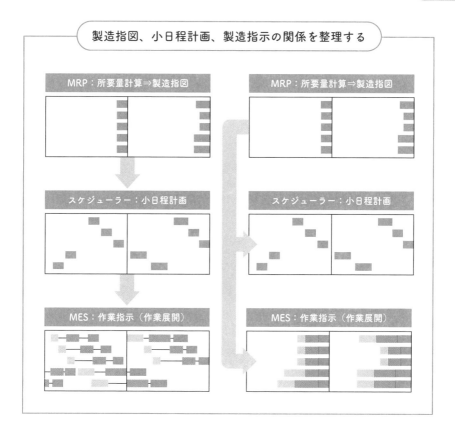

製造指図、小日程計画、製造指示の関係を整理する

検査などの細かい作業で構成されます。食品の場合は、原料の投入順序
がある場合があり、さらに投入前の原料の正誤チェック、計量、投入、
製造開始、完了、容器への移送、完了品の計量、不良品の排除、不良品
の計量などといった細かい作業があったりします。そうした作業がすべて
製造指図にないことが多いので、作業展開をして、作業指示に変えます。

▌ 指示と実行統制と実績の整合が迅速で正確な進捗管理
　を可能にする

　作業指示にする際には、「作業標準」（SOP：Standard of Proce-
dures）に記載がある作業として行うべき基準・ルールを連携させて指

示をします。SOPをMES（Manufacturing Execution System：製造実行システム〔6-7参照〕）に登録しておくことで、作業指示とSOPが連動し、ミスが起きにくい指示ができます。

　MESで作業指示とSOPが連動できれば、正しい作業を行わない限り次の作業に移れないという設定もでき、「**ポカヨケ（人によるミスを事前に排除すること）**」も可能になります。

　作業指示とSOPが統合されていることによって、現場作業の統制レベルが上がります。MES上で作業指示に対して実際に行った作業がどうだったのかが記録されるので、指示と実績がひもづいて管理されます。製造の仕方として正しかったのか、間違った場合どこを間違ったのかといったトレースもラクになります。また、作業時間や出来高などの作業実績は、MESから基幹システムに返されることで実績計上や在庫計上がデータ連動で自動化できます。

　MESにハンディーターミナルをつなぐことで、投入原料の正誤チェックができたり、計量器や設備制御盤などと連携して計量結果をMESに取り込んだりできれば、相当な自動化と統制が可能です。データの手入力工数や入力ミスも削減できます。

　実際は、製造指示とSOPが別々にある会社も多く、この場合は指示された品目を作るための作業標準が紙で現場に置かれているといったことも普通です。紙の作業標準を見ながら作業が行われます。この場合は、作業実績を紙に記録し、後に紙の実績から基幹システムなどへ実績を登録するといった手入力作業も発生します。

　手作業での指示書と実績収集は現場の裁量を高め、柔軟性を残すことができるため、わるいことではありませんが、現場作業がどこまで人に頼れるかでシステム化も見据えなければなりません。工数もかかるし、人はミスをしますから、MESの導入は作業現場の統制と実績収集の強力な武器です。

調達管理：発注と納期管理、
サプライヤー調整を効率化

調達が納期通り、数量通りに行われないと生産が滞る。

▌ 調達指図にもとづく発注と発注の調整

所要量計算の結果、外部購入品は「調達指図」にもとづいて発注します。所要量計算で計算された発注は、**「最小発注単位」**（MOQ: Minimum order Quantity）にまるめがされています。MOQが大きいと、本来の必要所要量に対して発注数が大きくなり、在庫滞留の元になります。

もし、**MOQが小さくできるのであれば、購買条件の交渉としてサプライヤーと交渉します。**ただし、MOQを小さくすると1回当たりの購買単価が高くなる可能性もあるため、在庫リスクをとるか、単価をとるかの判断が必要になります。

発注をする際に、**複数サプライヤーから購入している場合、発注段階で調整することがあります。**たとえば、A社とB社で50％ずつ発注を割り振るといった「複社購買」が行われていることがあります。

また、すでに枠取りや内示によって発注数の枠がある場合は、MRPの所要量計算結果に枠をはめるか、所要量計算自体は必要数で計算し、発注段階でサプライヤーと交渉して最終発注数を合意して発注することがあります。MRPの所要量計算に枠をはめるのは、システムの階層の難易度が上がります。

一方、調整して発注数だけ変える場合は、発注数が所要量計算と異なるため、「発注の実績＝入庫予定」を戻し、少ない分は発注完了の調達指図として保持し、再発注をするといった手作業が発生します。

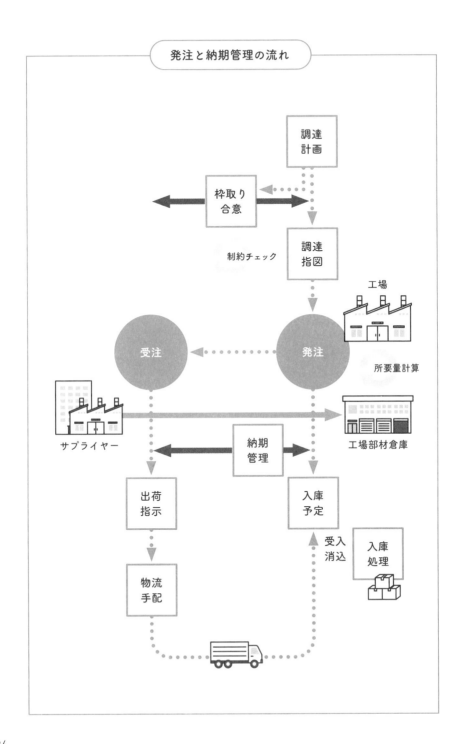

発注と納期管理の流れ

調達
計画

枠取り
合意

制約チェック

調達
指図

工場

受注

発注

所要量計算

サプライヤー

工場部材倉庫

納期
管理

出荷
指示

入庫
予定

受入
消込

入庫
処理

物流
手配

発注システムの形態によるバリエーション

発注方法がシステム連携されているのであれば、基幹システムの発注データを変換して転送します。サプライヤーが強く、システム的に進んでいるとサプライヤーの仕組みに合うように変換が必要です。発注書を発行する際に、サプライヤー指定伝票を渡され、指定伝票に印刷して発注するケースも多くあります。サプライヤーが強いとサプライヤーの指定に縛られて効率が落ちますが、力関係上、しかたのない場合もあります。

FAX発注の場合はFAX変換してデータ送信したいところですが、従来のやり方で多いのは、発注書を紙で打ち出してFAXで送るという方法です。打ち出した発注書を郵送するといった、昔ながらの方法もいまだに残っています。

下請法の順守はコンプライアンス上必須

受注同様、発注もあいまいな取り決めのときがあります。発注してもキャンセルが自由だったり、発注通りの納入をさせずにあとで調整したりするケースもあります。

管理上やむを得ない事情があり、こうしたことができるのは助かりますが、仕入先の規模によっては一度発行した発注は変更ができない場合もあります。下請法（下請代金支払遅延防止法）が施行されていますので、ここで規定されていることは守らなければなりません。

発注後の入庫予定を管理し、必要に応じて 納期回答取得・調整を行う

発注をしたら、入庫予定として管理を行います。入庫予定はMRPにも保持しますが、現物の受け入れを正確かつ迅速に行うために、入庫予定はMES（製造実行システム）、またはWMS（倉庫管理システム）に送ります。

モノの受入を行い、その際入庫による入庫予定の消込と在庫計上を使うシステムがMESの場合はMESで、WMSの場合はWMSで入庫作業を行い、入庫予定を消し込みます。

　MESまたはWMSで入庫された際には、自社の仕入在庫として計上します。MESやWMSに計上されたら、基幹システム側に入庫情報を連携し、基幹システム側の入庫予定を消し込み、仕入在庫として在庫計上します。

　MESやWMSがない場合は、入庫予定の情報を表計算ソフトまたは紙の入庫一覧表にして納入場所に配布し、入庫時に人手で入庫予定をチェックし、後に基幹システムに入庫予定消込と在庫計上を手入力します。在庫計上されたら会計上の仕入と買掛の計上がされ、買掛金の管理を行います。

■ 納入荷にバーコードなどをサプライヤーに貼ってもらうとラク

　受け入れ時に入庫されたものが入庫予定と整合しているかどうかチェックする際に、バーコードやQRコードを添付してもらい、ハンディーターミナルなどの機器で読み取ることで簡単にデータを取得して受入処理することができます。できれば、サプライヤーと交渉して物品ラベルとしてバーコードやQRコードを添付してもらえるとラクです。

　もちろん、その際の費用負担は仕入元がラクになるので費用負担をすべきですが、今ではこうしたシステム化は普通のことになりつつあり、費用については相談で決めることで迅速に導入できる素地がそろってきています。

倉庫への補充業務と
確実な輸送計画、効率的な貿易管理

補充計算のシステム化、転送入庫予定の連携と入庫処理の合理化。

▌ 倉庫間転送を行うための補充計算と転送指図、
入庫予定

多階層がある倉庫間の在庫転送を行うための業務が、「**補充計算**」と「**倉庫間転送**」です。

補充計算は、**倉庫で持つべき適正在庫数の計算を行い、補充数を算出します**。補充計算は通常、簡易の方法で計算します。たとえば、発注点計算などの手法です。

補充計算で算出された補充要求数は、「転送指図」として基幹システムで生成され、「転送指示書」としてサプライチェーン上の上流の倉庫に転送されます。補充される倉庫では「転送指示数＝入庫数」になり、入庫予定が生成されます。

▌ 入庫消込、在庫計上方法は、サプライヤー仕入と同様
の仕組み

倉庫間転送による受け入れ、入庫消込、在庫計上は、サプライヤーからの仕入れの荷の受け入れ、入庫、消込と同様の業務・仕組みです。システムは倉庫であるため、WMSになることが普通ですが、規模により表計算ソフトや紙で管理することもあります。その際は、やはり入庫処理を基幹システムに行います。

▌補充計算と輸送計画の連動

補充計算を行う際に、輸送の制約を考慮する必要があるのであれば、**輸送制約にもとづき、補充数を調整する必要が出てきます。**

たとえば、トラックの輸送能力制約を超える転送数量が指示されたり、特殊な輸送機器やトラックが必要でその調達が困難になったりする場合に、**転送数量の調整や転送タイミングの調整を行います。**

逆に、トラックの積載効率（荷台の積み具合の最大化）、運行効率（1回の輸送での輸送量の最大化）を重視する場合で転送数量が少ない場合、不要な転送をかさ増しして行うこともあります。こうした場合、要求した補充数以上の補充が行われますから、入庫時の入庫予定数と相違しても受け入れる必要が生じます。

また、倉庫間の在庫バランスが崩れ、滞留、倉庫キャパシティのひっ迫、欠品のリスクが発生することも考えられるので、よくよくルールを定め、柔軟な調整も行えるようにしておく必要があります。

▌輸出における出荷と在庫認識、貿易業務との連携

輸出の場合、自倉庫を出荷しても、その先の海貨倉庫に荷が留まっていることがあります。輸出時の売上計上基準によっては船積みしてはじめて売上だったり、相手に渡してから売上だったりしますが、古い基幹システムであると全部自倉庫からの出荷基準で売上計上され、在庫が認識できなくなることがあります。

実際には在庫はまだ自社資産であるにもかかわらず、自社資産から消え、出荷しただけで本来売上計上できない状況であるのに売上計上しているのはコンプライアンス上まずいため、実態に合わせる必要があります。システムも実態に合わせる必要があります。

こうした貿易上の取引の取り決めが国際物流に関連する取り決めで、「**インコタームズ（Incoterms）**」というものです。インコタームズは、資産移転（＝売上計上の基準）に関する貿易取引上の運賃、保険

料、リスク（損失責任）負担などの条件の取り決めを国際的に統一して定義したルールです。インコタームズは国際商業会議所（International Chamber of Commerce: ICC）が定義し、最新版の「Incoterms2020」は2020年1月1日から発効しています。

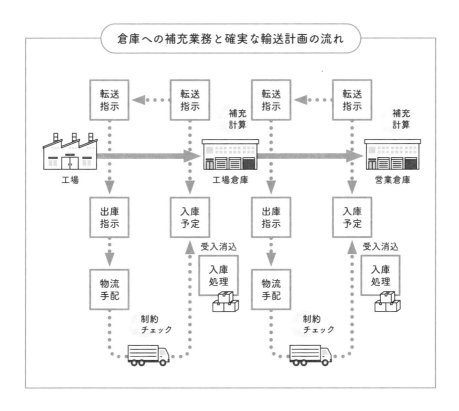

代表的な基準で、私たちがよく使うのは、以下の4つくらいです。

▪ EXW（Ex Works）

出荷工場渡し。売主は、自社の工場で買主（または買主が手配した運送人）に商品を引き渡し、それ以降の運賃、保険料、リスクは買主が負担することになります。

▪ FOB (Free On Board)

本船甲板渡し条件で、積み地の港で本船に荷物を積み込むまでの費用を売主が負担します。それ以降は買主が負担します。

▪ CFR (C&F Cost and Freight)

運賃込み条件です。積み地の港で本船に荷物を積み込むまでの費用と海上運賃を売主が負担し、それ以降は買主が負担です。

▪ CIF (Cost, Insurance and Freight)

運賃・保険料込みの条件です。積み地の港で本船に荷物を積み込むまでの費用、海上運賃、保険料を売主が負担し、それ以降は買主が負担します。

　これ以外にも分類がありますので、詳細はインコタームズを参照ください。

　また、貿易に関わる資料作成がいまだ手作業でされている会社も多く、非常に手間がかかっています。原産国管理や特定有害物質の使用制限に関する法律への対応など、輸出上の制限の情報管理が手作業の場合も多く、貿易書類のシステム化と輸出入時の情報のデータベース化による一元管理も必要です。

生産、調達入庫の記録を行い、「トレーサビリティ」を確実にする

問題があったときに源流までさかのぼるとともに影響範囲を特定する。

■ トレーサビリティとは何か？

トレーサビリティとは、「追跡管理」のことです。トレーサビリティは、**商品や製品が安全かどうかを気にする最終消費者への情報提供であり、何か問題が起きたときの原因追求と対応策を考え、影響範囲を特定し、迅速に対応するための仕組み**です。

トレーサビリティは**原材料、部品から製品の生産、出荷、販売、最終消費まで、あるいは廃棄まで追跡を可能**にします。

身近な例でいえば、スーパーで売られている卵の、産地がどこで、エサは何か、遺伝子組み換えのエサが使われているかどうか、どんな薬物がどれくらい使われたのか、流通経路で問題が起きていないか、いつスーパーに入荷したかなどの情報を追いかけられることです。

トレーサビリティには、「**トレースバック**」と「**トレースフォワード**」があります。**トレースバックは、さかのぼって追跡すること**です。製商品に問題があったときに、どの経路を通って、どのような処理を受けたのか、どのような工程で、どのような製造条件で作られたのか、原材料は何か、といったことをさかのぼることができるのです。

トレースの向きが逆なのが、トレースフォワードです。**トレースフォワードは、原因からスタートして、発生した問題がどの範囲に影響しているかを追跡すること**です。

仮に、使用された原料に原因があったとしましょう。その原料と同じものを使った製品はどれか、その製品はどの流通経路を通って、どの地

域に出荷され、どの倉庫にまだ保管され、どの販売店まで配送されたのかを追いかけます。被害を最小限に抑えるため、影響範囲のすべての製品に販売停止・回収、出荷留めを行います。

■ トレーサビリティを実現する WMS と MES と ERP 連携

トレーサビリティの起点は、**原材料のロットナンバー**です。入庫された原材料に付番された原材料ロットナンバーを起点に、どの中間製品に使われ、どの製品になったのかを製造ロットナンバーにひもづけて把握します。出荷されれば、製造ロットナンバーを出荷伝票ナンバーにひもづけることで、出荷先まで追いかけられるようにします。

原材料ロットナンバーは、自社で採番することもありますが、サプライヤーの製造ロットナンバーをそのまま使うこともあります。

受け入れた「WMS（Warehouse Management System：倉庫管理システム〔6-8参照〕)」、または「MES（製造実行システム）」でロットナンバーは管理され、ロットナンバーをさかのぼれば、どの原材料ロットナンバーが投入されたのかをさかのぼることができます。また、「MES」で、温度、回転数、処理時間といった製造条件と作業者が記録されるのであれば、製造上の問題も特定できます。

製品も製造ロットナンバーを保持します。出荷指示が基幹システムから流れてくると、出荷伝票ナンバーと連携して、「WMS」側での出荷伝票ナンバーとひもづき、どの顧客に、いつ、どのロットナンバーの製品が出荷されたのかがわかります。

こうしたシステム化が進んでおらず、表計算や紙の台帳でロットナンバーが管理されている場合は、出荷ナンバーごとに製品の入庫日付、出荷日付などで管理し、製造ロットナンバーとひもづけ管理を人手で行います。昨今の厳しさから、トレーサビリティのシステム化はしていきたいものです。

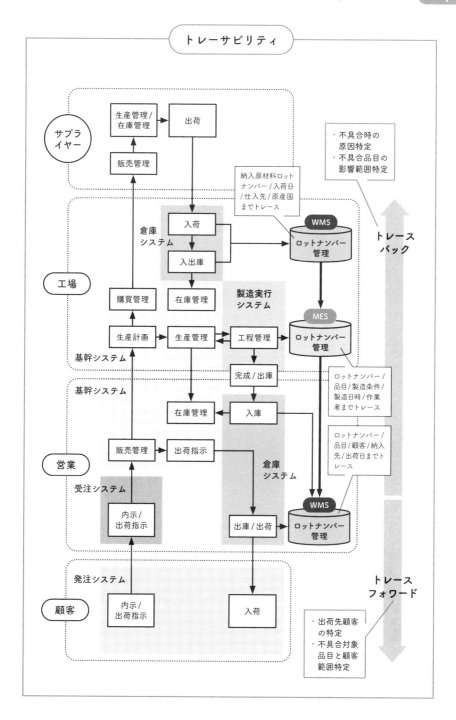

実績収集と計画へのフィードバックと
原価計算への連携

製造実績や設備稼働状況などのデータをとり、原価計算へと反映する。

■「目で見る管理」による緊急対応、対応促進、ポカヨケ

　古くは日本の製造業の強みとして、製造現場での工夫がたくさんありました。設備の稼働に不具合があれば、ライトを回して作業者に知らせるなどにより、迅速なライン停止・復旧を目指します。

　計画に対する実績、不良品数、遅れ、進みなどを掲示板に表示し、挽回を促すことも一般に行われます。現場に手書き掲示板が用意され、マジックペンで記入されている現場もたくさんあります。自主的に対応を促進せよというメッセージです。

　また、さまざまなガイドも設けられ、ミスを事前に防ぐ工夫もされています。バルブを止める目安としてテープが貼ってあったり、投入時の作業手順が張り出されたりして、ちょっとしたミスを避けるポカヨケがあちこちにされています。

　こうした現場サイドの「目で見る管理」の一部をデジタル化し、より統制を高度にしようという取り組みがあります。それはそれで正しいのですが、なんでもかんでもデジタル化だといって、見もしないデータや管理レベルの向上に関係のないデータを見せても意味がありません。よく検討して、現場への「見える化」にはどのようなものが適切かを見極めないとムダな投資になります。

▍製造実績の収集と設備稼働実績の収集

　製造実績の収集は「MES」で行います。投入実績や出来高、作業者、トルクや温度などの製造条件は、設備からPLC（プログラム制御装置）などを通じてMESで収集します。

　設備稼働状況などは設備やセンサーなどからデータをとり、「PLC⇒SCADA（システム監視制御装置）」と集めます。IoTが叫ばれていますが、IoTの源流はこうした現場稼働や製造条件実績をセンサーや設備から収集し、データとして活用することです。

▍実績情報の改善への適用

　こうして集めた製造実績や設備稼働情報は、分析して不具合を発見し、改善を行います。実績情報を蓄積して改善する手法は、昔から**QC**（Quality Control）や**IE**（Industrial Engineering）などにより行われています。

　ただ、最近は現場サイドが人手不足、かつ、教育不足で改善に工数をかけられない会社も多く、改善力が落ちていることもあり、どういうデータを収集して使うべきかといった議論はしっかりしておかなければなりません。

　従来は紙のグラフを現場の掲示板に貼り出すことが普通でしたが、今ではパソコンや現場のデジタルボードに表示することも増えています。その際は、MESやSCADAの画面を表示することもありますが、見やすいように加工して表示したいものです。その際は、MES⇒BI（Business Intelligence）、SCADA⇒BIとデータを連携し、BIで可視化します。

▍実績情報の基幹システム、計画システム、　原価計算への反映

　現場改善とは別に、実績データはMESから基幹システムに戻され、製造実績として「良品出来高、不良、出庫実績（在庫引落し実績）、入

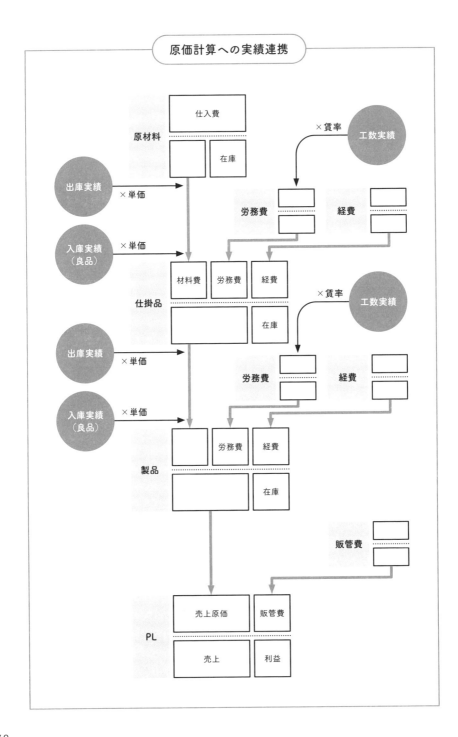

原価計算への実績連携

仕入費

原材料

在庫

×賃率 工数実績

出庫実績 ×単価

労務費 経費

入庫実績
（良品） ×単価

仕掛品 材料費 労務費 経費

在庫

×賃率 工数実績

出庫実績 ×単価

労務費 経費

入庫実績
（良品） ×単価

製品 労務費 経費

在庫

販管費

PL 売上原価 販管費

売上 利益

庫実績（在庫計上実績）」が基幹システムに渡され、製造指図と調達指図が消し込まれ、在庫計上がされます。

基幹システムに戻された在庫は、計画情報システムにも渡され、在庫実績として次の計画の基礎情報になります。

また、「良品出来高、不良、出庫実績（在庫引落し実績）、入庫実績（在庫計上実績）」とあわせて作業時間等もMESから戻され、単価や賃率をかけて原価計算が行われます。

こうした実績情報がMESから来ない場合や、手作業で実績が収集されている場合は基幹システムに手入力します。システムでデータが受け渡される場合、短時間にデータ連携ができますが、手入力の場合は当日夜とか翌日にならないと実績がわからないため、データ活用のタイミングが遅れます。

日次でなんとかデータの締めを行い、実績計上できればまだマシですが、ひどい会社では月末にならないと実績が上がってこないところもあります。こうした長いサイクルでの実績収集では、計画変更や原価上の異常検知が遅くなる傾向があり、俊敏ではない対応になります。

できれば、実績収集はシステムで行い、システム間でデータを連携させることで、迅速な収集と各システムへの実績反映のスピードとサイクルを上げるべきでしょう。

MINI COLUMN ❺ ──────── **SCM の用語説明④**

● ERP（Enterprise Resource Planning）：基幹システム

　販売物流システムや生産・調達システムとあわせて会計システムの機能を統合して持つシステムを「ERP」といいます。基幹システムも同様で、ERPと基幹システムは同義で扱われます。

カンバン・JITが素晴らしい手法とは限らない

　日本の現場管理の手法として特に有名なのは「カンバン」でしょう。「カンバン」とは、部品ケースなどに貼られている現品票で、後工程が部品を使うことでこのカンバンが外され、使った分を前工程に要求を出す仕掛けです。

　使った分だけ補充生産をする仕組みとしては秀逸です。しかし、すべてのケースで使えるわけではありません。計画変更がひんぱんであったり、製造ラインが複雑であったり、前工程がプロセス生産でまとめ生産する場合など、カンバンに従って製造ができないケースもあります。

　無理なカンバン導入がかえって害になることもあります。カンバンを導入しようとして失敗したり、単なる出庫指示をカンバンといったりしている会社も多くあります。計画業務に同期して出庫指示ができるときに、カンバンである必要性もありません。

　製造タイミングに合わせて部品供給を行うことが「JIT（ジャストインタイム）」です。JITは強い完成品メーカーが使える手法です。自社の製造に合わせて納入させることができるからです。しかし、サプライヤーにとっては負担です。完成品メーカーの製造に同期して製造ができないとまとめ生産になり、納入だけ小刻みにさせられるからです。

　JITは製造現場の在庫を極小化しますが、工場の前後に在庫が偏在し、結果としてサプライチェーン全体で在庫がダブついているのであれば、どこかにしわ寄せがいく手法です。個別最適におちいるのであればJITはかえって害悪です。SCMが登場した今、見極めが必要です。

Chapter

5

SCM の可視化が
パフォーマンスをレビューし、
改善・実行を促す

実務に即した可視化をしなければ、空想的な「見える化」になる

意外と可視化の情報は活用されていないため、再構築が必要。

▌現場や経営情報の可視化も手作業集計が現実の姿

計画し、実行したら、**その結果を評価します**。「計画通りだったのか」「目標値や基準値に対して結果はどうだったのか」を検証し、「**自分たちの経営や作業がよかったのかどうか**」**を分析し、対応をする**のです。

結果の評価なので、すぐに数字で見ることができると思うかもしれませんが、実際はそうではありません。数字の元となる実績値などがきちんと整理されて保持されていないとか、紙に書かれているだけで散在しているといった状態があるからです。

こうした場合、散在するデータをかき集め、表計算ソフトに集約し、さらに見やすいように加工して可視化にこぎつけることができます。**人による入力・集計・加工を経て、やっと分析したり、考えたりすることができるデータになる**のです。

会社の活動においては、見るべき指標などの数値情報は決まっているように思いますが、そうでもありません。「あるときはこう見たい」「別なときはこう見たい」という意思が働き、そのつど個人的な作業でデータを作ってきたために、そのデータの収集手段も過去の集計方法も標準化されず、かつ共有されず、誰かの表計算ソフトのなかに眠っているのです。

そのため、同じような分析が必要になっても、そのときに可視化のために作ったデータのセットやロジックはムダになり、毎回誰かが考えて表計算を作るということを繰り返しているのです。

▎可視化の標準化・自動化、データ取得の自動化が課題

そこで、**可視化のデータの持ち方や集計方法を標準化し、指標に加工する計算を自動で行う仕組み**が導入されるようになりました。「**BI（Business Intelligence〔6-9参照〕）**」という仕組みです。

BIは、データを保持するデータベースと、データベースからデータを引き抜いて定型化したデータ加工を行い、表やグラフなどの決められたフォーマットでデータを可視化する仕組みです。データの取得先は、基幹システムであるERPやMES、SCADAなどになります。

各システムからデータを取得し、当初計画に対する予実、見込や目標値・基準値に対する実績値の対比を行うのです。こうして、**可視化の形式の標準化、計算・加工の自動化、データ取得の自動化ができる**のです。

▎データ可視化は実務知識やデータ作成スキルなどが必要

BIを活用するためには、**データを組み合わせて見たいデータに加工していく知識とスキルが必要**です。

たとえば、「標準稼働率」という指標を可視化する際に、「標準稼働時間とは何か」「実際稼働時間とは何か」といった定義がわからないと計算できませんし、計算式がわからなければデータを加工する式が作れません。知識とスキルがいるのです。

また、需要予測の品質を評価する際に統計予測の誤差を見たいとします。誤差率には、単なる「誤差率」と「絶対誤差率」、「標準誤差率」があります。誤差だけを考えるなら単なる誤差率でいいように思いますが、この場合、プラス誤差とマイナス誤差を相殺してしまうため、想定よりも予測の精度がいいと誤解を与えかねません。

予測の外れ具合がプラス・マイナスに関係なくどれほどの差異があるのかを知るには、絶対値に直して「絶対誤差率」、または絶対誤差率を平方根で囲った「標準誤差率」を使用したほうが精度評価には適しているのです。

このように、「業務に使うために役立つデータの見せ方はどうか」「誤解を与える可能性はないか」といった洞察力も必要になります。単純に探してきた教科書的な指標ではなく、自分の会社に適合したロジックでデータを加工しなければならないのです。

■ 目標によるマネジメントMBO、BSC、TQCは使えるか？

一時期流行し、今も残っている可視化の手法として、「目標値による経営（MBO：Management by Objective）」や「バランスドスコアカード（BSC：Balanced Score Card)」、「トータルクオリティコントロール（TQC：Total Quality Control）」というものがあります。

MBOは、**予算立案とあわせて会社の目標を部門目標に展開して各部門での目標数値にし、その目標値の達成状況を測定する経営手法**です。

BSCは、MBOにさらに**財務の視点、顧客の視点、業務プロセスの視点、教育・育成の視点という4つの成功要因の視点で指標を関係づけて設定し、評価する方法**です。また、各指標には結果的に示される指標と、「結果指標」に先立って変化が表れる「先行指標」とがあります。結果指標ではなく先行指標側を改善すれば、結果指標も改善されるというわけです。

TQCは、**経営目標から指標展開を行うもの**です。経営目標が利益なら、売上とコストに分解し、さらにコストを製造原価や販管費に分解し、さらに詳細化していくものです。

どの場合でも、指標は「**KPI（Key Performance Indicator）**」と呼ばれ、**KPIの目標値・基準値に対する実績の対比**を行います。

MBO、BSC、TQCはいずれも会社全体と部門の関連を可視化して、経営目標に貢献するKPIを作ります。それなりに使える手法ですが、先に述べた通り、展開する際にスキルと洞察力、自社への適合性のチェックが必要です。SCM的な指標を作る際には、3つともそれなりに使える

方法です。

　しかし、いずれにせよKPI（管理指標）は、実務に即した可視化をしなければ、空想的な「見える化」になるので注意が必要です。

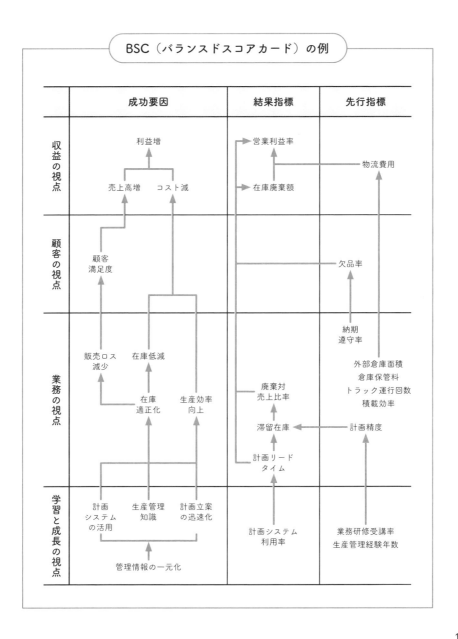

BSC（バランスドスコアカード）の例

「計画業務」における予実対比、計画と見込検証、財務インパクト

計画に対する可視化こそ、SCMの先読み対応の神髄。

業務的な可視化に必要な指標を作る

MBOやBSCは、経営やSCMの指標を設計するのに適している方法ですが、**業務上の可視化には十分ではありません**。業務に必要な可視化は、業務の遂行上使えるものにする必要があります。この項では、**「計画業務」に必要な可視化**を説明します。

計画業務に必要な可視化は、需要の計画に関わる「**需要予測誤差**」「**販売計画予実**」「**売上見込み**」です。また、在庫に関わる「**仕販在計画・生販在計画**」の可視化、そしてS&OPでは「**数量と金額**」の両方の可視化が必要になります。

需要予測誤差、販売計画予実、売上見込みの可視化

需要予測を行っている場合、「需要予測誤差」を可視化します。前項で書いた通り、誤差率としては単なる誤差率と絶対誤差率、標準誤差率があります。誤差のプラス・マイナスを相殺せずに正確に評価するためには、絶対誤差率か標準誤差率がよいでしょう。

販売計画の予実、売上見込は月中の日単位の達成状況・見込、年度中における月の単位の達成状況・見込を可視化します。

販売計画に対しての実績を対比するのは当たり前として、「このままだと計画（＝予算）に対して成り行きでどうなるのか」「キャンペーンなどの押し上げでがんばる計画はどうか」、そのうえで「本当に売上が見込める見込みはどうか」といった、予実対比だけでない先読みした可

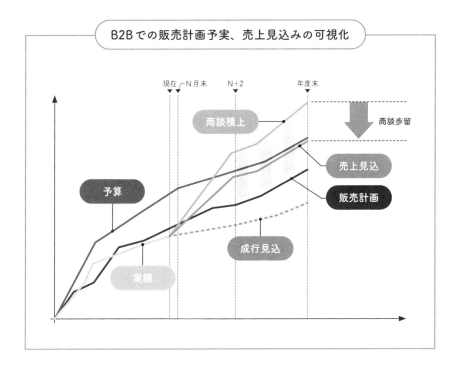

B2Bでの販売計画予実、売上見込の可視化

現在 N月末　N+2　年度末

商談積上

商談歩留

売上見込

販売計画

予算

成行見込

実績

視化ができると、SCM的な先手が打てます。

　つまり、「販売目標＝予算」と「実勢成行見込」、「キャンペーン込みの意思を持った販売計画」と「達成可能な売上見込み」が対比できれば、**自社の販売計画のリスク**が見えます。どの計画・見込が確からしいかどうか検証できるので、必要な生産能力の準備や先行部材調達に使えるわけです。先読みに有利なのです。

　また、計画や見込に対し、大幅な未達が想定されれば先行で休業などによる生産能力低下、調達キャンセル・延伸調整ができるのです。要はリスク低減ができます。

　売上見込みの可視化は、特にB2B業界においては必須です。商談プロセス管理と組み合わせて、確実に取れる商談、あいまいな商談、当て馬的で取れない商談、事情による取るべきでない商談が、進捗管理とともに分類されて可視化できれば、同様に先読み対応ができます。

仕販在計画・生販在計画における PSI 情報の可視化

　販売計画にもとづいて、仕販在計画・生販在計画が可視化できれば、「**在庫の計画**」や「**見込変動**」も可視化できます。

　SCM としては、先々の在庫がどうなるかが見える価値は大きいのです。このとき、可視化する情報は「**PSI**」と呼ばれます。PSI 情報とは、P: Purchase、S: Sales、I: Inventory（**仕販在**）、P: Production、S: Sales、I: Inventory（**生販在**）、の情報です。

　PSI は、日本の製造業発祥の SCM 上の可視化です。PSI が見えることで、**仕入・生産と販売と在庫のバランスが見える**のです。SCM の計画業務では必須の可視化です。

S&OP における数量と金額の比較、財務情報

　PSI 情報を S&OP で使う場合、数量だけでなく、金額にも変換します。

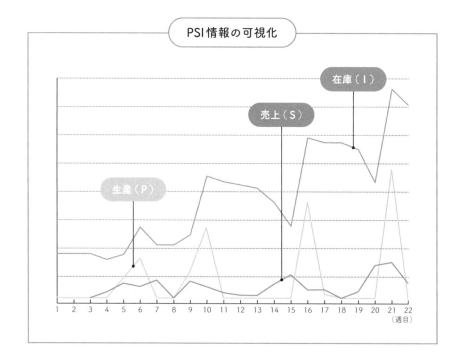

金額になってはじめて、在庫の資金負担などがわかることがあるからです。

PSIを可視化する際、「**在庫月数**」を同時に見える化することで、売上や販売計画に対して在庫の多い・少ないを可視化することができます。

在庫月数は金額ベースで計算し、**年平均売上に対する「在庫月数（Month of Stock＝在庫金額／年平均売上金額）」**という指標が一般的です。

しかし、これだと在庫が先々の需要の販売のためという視点が失われるので、**販売実績／計画に対する在庫月数として「在庫引当月数（Month of Supply＝在庫金額－翌月以降の売上／販売計画を引いてゼロになるまでの月数）」**という指標もあります。

Month of Stockでは、季節性のある販売波動に対して在庫を準備しているにもかかわらず、売上の平均値を割るため過剰に見えるのですが、Month of Supplyは今後何か月の販売に耐えられるのかを示すので、実際は過剰ではないということが理解できる指標です。

S&OPでは、SCMの計画による実績と先々の財務インパクトの分析も行います。販売計画を売上金額に変え、その後、製造原価や販管費なども計画し、利益の想定を行います。在庫を主とした棚卸資産増減の資金インパクト、収益とコストの損益計算書インパクトも必ず可視化して、影響を把握します。

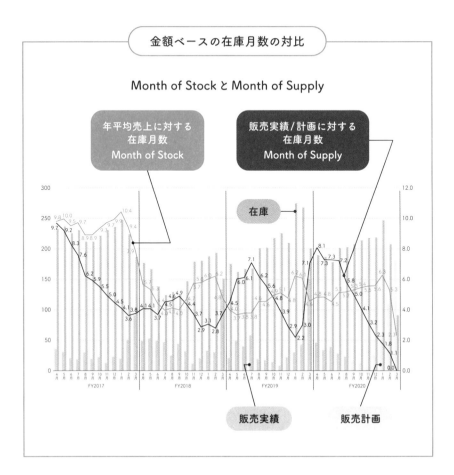

金額ベースの在庫月数の対比

Month of Stock と Month of Supply

年平均売上に対する
在庫月数
Month of Stock

販売実績/計画に対する
在庫月数
Month of Supply

在庫

販売実績

販売計画

「実行業務」における指示と進捗・実績という基準値対比、アラート

実行業務の可視化には迅速なフィードバックが必須。

実行業務では基準値を設け、実績を対比する

「実行業務」は、指示と統制が主軸になる業務です。「計画業務」にて作られた計画値や目標値が、実行業務で達成すべき基準値になります。この基準値に対し、実績を対比し、アクションをします。

たとえば、生産計画があります。生産計画では「何月何日までに100個」という、納期と数量という基準値が提示されます。納期や数量という基準が充たされているかどうかを可視化します。自社の場合は、「生産納期遵守率」です。サプライヤーに対しては、「納入納期遵守率」の可視化が行われます。

また、品質やコストの指標も作られます。予算上99.99％の良品率を目指す、コストの元になる設備稼働率を80％、ある品目の標準作業時間を1個あたり5分とする、といった基準値です。この基準値に対し、実績を可視化し、基準値との差異を確認できるようにします。差異がなぜ発生したのかという分析を行い、改善を行います。

製造指示に対する実績は「MES」に集約されています。設備の稼働状況は「SCADA」に集約されています。賃率や仕入単価などの財務数値に計算するための基準値は「基幹システム（ERP）」にあります。

こうした数値の可視化は製造現場でも行いますし、必要な単位に集約して工場のパフォーマンスを見るためにも、管理業務を行う生産管理部門や生産技術部門、工場経理部門などの組織にも可視化します。現場で見る場合はMESやSCADAで直接可視化も可能ですが、BIでより見や

すく加工することで、より見やすい可視化が実現します。

　調達においては、サプライヤーのQCDも可視化し、評価のうえ、常に達成度合いがわるいサプライヤーには指導に入ります。

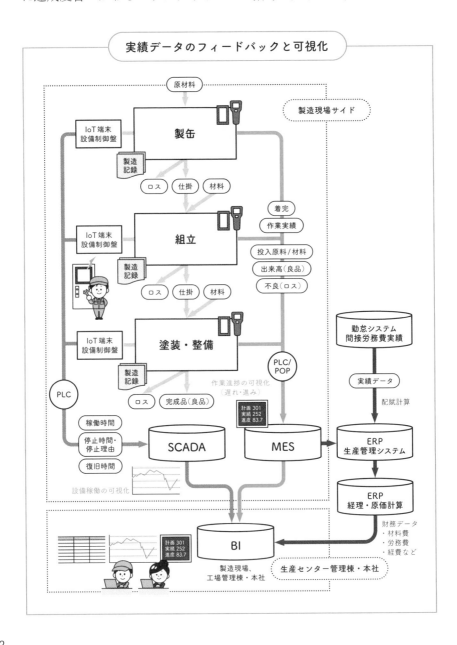

■ 即行動を促すアラート化で、現場即対応を実現

　実行業務の可視化のなかには、製造現場での即対応を促すものがあります。生産計画に対する進捗は、作業で挽回することを促します。設備稼働が落ちている場合は、生産技術部が飛んで行って現場で機械の調整を行います。基準値に満たない実績が生じたら、BIでアラートを出します。

　サプライヤーからの未納は、調達部門から即納入督促を出すためのアラートになります。納入時の未納は製造に影響があるため、即応が必要なのです。

　同様に、未納件数や未納の発注（**バックオーダー：BO**）の可視化を行うこともあります。バックオーダーが多いと生産に影響が出ます。バッ

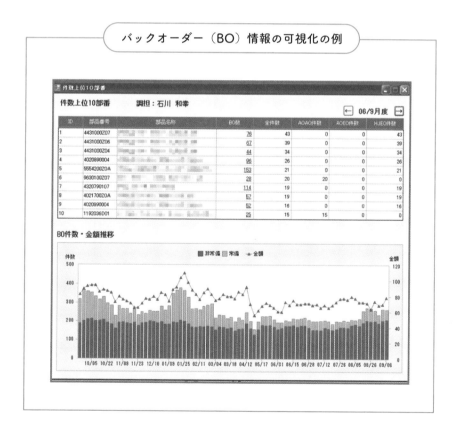

バックオーダー（BO）情報の可視化の例

クオーダー解消をサプライヤーに督促しなければなりませんし、調達担当者もあまりに仕事が多くて、自分が解消すべきバックオーダーを忘れてしまうことがあるからです。

　日本の製造業で特異な現場機器でアラートを上げて、設備を止めたり、生産技術部門が駆けつけたりするようにしてあります。こうした現場のアラートはSCMの基礎力として、現場の管理レベルを上げるために必要なのです。

■ 実際原価計算と標準原価計算の差異分析

　実績が原価管理に連携されると「**原価計算**」が行われます。実績にもとづく原価計算を「**実際原価計算**」といいます。

　計画上、標準値をもって原価計算を行うことを「**標準原価計算**」といいます。実績が上がってくると、標準原価計算と実際原価計算の比較ができるようになります。標準と実際の差がある場合は、その差異がなぜ発生したのかを分析し、改善を行います。

　たとえば、「標準労務費」に対して実際労務費が上がったのであれば、「作業者の単価（賃率）が上がったのか」「工数が余計にかかったのか」といった分析を行い、原因と改善点を探るのです。

　また、SCMが複数工場の管理やグローバル化して各国工場の統括管理をしているのであれば、各工場の原価や単価の可視化も行い、比較ができるようにしておきます。

　比較ができれば、改善競争を促すこともできますし、急な増産時に代替工場として生産計画を割り当てたときに利益が出るのか、出ないのかといったシミュレーションもできるからです。

物流トラッキングの業務への貢献

輸送におけるトラッキングと配送におけるトラッキング。

▍物流トラッキングとは何か？

　「物流トラッキング」とは、出荷後の荷物の追跡を行い、物流上の進捗がどうなっているのかを情報開示することです。宅配サービスでは当たり前になってきているサービスです。

　物流トラッキングは、荷物の追跡を行い、「今、荷物がどこにあって、どういう状態にあるのか」といったステータス情報を提供します。

　最近は、お客様の要望がよりシビアになり、「時間単位でいつ届くのか」、あるいは、「今どこにあって、いつぐらいに届くのか」を気にするようになりました。宅配の世界で翌日配送や時間指定配送が当たり前になった理由は、荷物の受け取りが可能な時間が限られるのでトラッキング情報が役に立つからです。

　B2Bビジネスでも同様です。荷受けする際、「スケジュールを組んで時間通りに、効率的にしたい」という要望が強くなっています。このようなことが可能になったのは、情報技術の発達のおかげです。

　消費者向けや小口配送の業界では、当たり前になった物流トラッキングですが、会社間取引でのサービス提供ではまだ十分とはいえません。物流トラッキングのニーズは高いのですが、物流会社の事情だけでなく、荷主側の会社の各社各様の事情で実施できないのが実情です。

　物流トラッキングができるようになると、以下のような利点があります。

- ●倉庫での荷物の受け入れ準備ができる
- ●遅延が把握でき、アクションが取れる
- ●積送在庫（輸送中の在庫）が把握できる
- ●お客様への納期回答が正確になる

などです。

　特に、製品在庫がひっ迫しているときなどは、着荷予定が見えれば明確な納期回答ができます。売り逃しをなくし、顧客への提供サービスレベルが上がるので、ぜひ物流トラッキングの仕組みは構築したいところです。

▌受注オーダーと物流オーダーのひもづけ

　物流トラッキングはそう簡単にはできません。購入会社、物流業者、出荷元会社の伝票ナンバーや輸送に関わる管理ナンバーを統合しないといけないからです。

　購入会社にとっては、自社の発注ナンバーの荷物がいつ届くのかを知りたいとします。出荷元会社にとっては、顧客の発注ナンバーと自社の受注ナンバー、出荷ナンバーをひもづけなければなりません。

　そのうえで、その出荷ナンバーを物流会社のトラックナンバーにひもづけなければなりません。自社物流であれば自社で解決できますが、アウトソーシングしている場合は物流会社と連携しなければなりません。

　国際物流になるとさらにむずかしく、コンテナナンバーへのひもづけ、船便ナンバーや航空機便ナンバーとひもづけます。混載や分納による便の分離などがあると、ひもづけは困難を極めます。

　しかし、最近は情報技術の進展により物流トラッキングの連動も進展しています。トラッキング情報を提供するサービス企業も登場しています。こうした会社の提供する物流トラッキング情報を活用することも1つの選択肢でしょう。

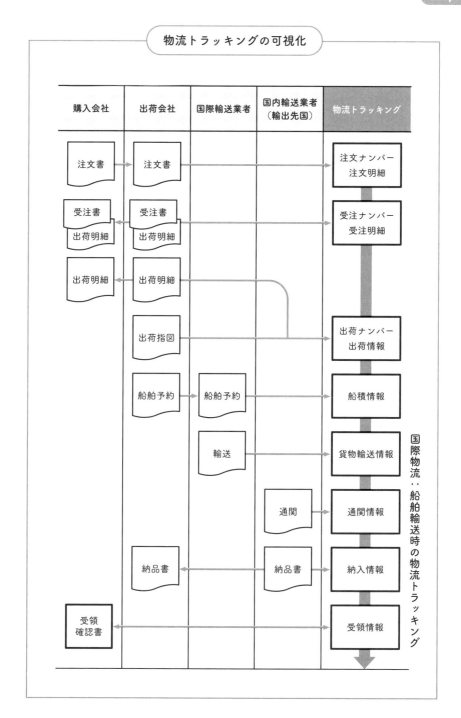

物流トラッキングの可視化

SCMにおいて、ビッグデータ解析は
あまり期待できない

　一時、「ビッグデータ解析」が世を騒がせましたが、最近は下火です。データを集めて、統計のエキスパートやAIに解析をさせることで、人間の分析能力を超えた解析結果が出るものと期待されました。しかし、そうしたことは幻想です。

　まず、ビッグデータなどといわれながら、会社の扱うデータは一部のマーケティングや実験などのデータを除き、実績数＝サンプル数が少なく、統計解析の精度が上がらないのです。

　特に、SCMがカバーする販売・生産・物流などの領域ではデータのサンプル数が少なく、統計解析に限界が生じます。サンプル数が少ないので、ビッグデータ分析などとてもできないわけです。

●統計モデル化の知識とデータ分析のスキルが必要

　そもそも統計解析を行うには、データ間の仮説モデル化が必要です。単純な2つのデータの関係性（相関）の比較でも、双方が独立した（お互いのデータが同じような影響下にない）データかどうかの見極めもいりますし、そもそも相関関係は因果関係ではありませんから、一方が生じれば他方も生じるといった関係ではありません。

　統計モデル化をする知識と、データを分析してモデルの有意性が判断できるスキルが必要です。さらに、自社のビジネスへの深い洞察力も必須です。そうでないと、「風が吹けば桶屋が儲かる」といったトンチンカンな分析におちいってしまい、時間のムダになりかねないのです。

Chapter

6

SCM システム基礎編：

SCM を成り立たせるシステムを
上手に組み合わせて使う

SCMシステムの全体像：

適切なシステムの組み合わせで SCMを武器にする

SCMシステムは単独パッケージでは構成できない。

■ SCMは広範なシステム群となる

本章では、**SCMを支えるシステム**を説明します。SCMは広範なスコープの組織間連携で成り立っているため、1つのシステムではでき上がりません。世間一般には、「これがSCMシステムだ」という宣伝もありますが、業務のごく一部を行うことはSCMではないのです。

本書ではすでにSCMの業務の話をしています。業務に関係するシステムは、会社のSCMの成立に必須です。上述のようにSCMは単一のシステムではなく、いくつかのシステムの組み合わせででき上がります。それこそ、広範なシステム群により成り立ち、それぞれのシステムを統合することが必要です。そのためには各機能に合致したシステムを理解するとともに、相互に連携させなければならないのです。

SCMシステムとして各システムを統合するためには、**SCMを支えるシステムの全体像と各システムの機能**を知っていなければなりません。それでは、SCMを支えるシステムの全体像を確認しましょう。

■ SCMを支えるシステムの全体像

SCMの需要に関係する仕組みとして「**需要予測システム**」があります。**需要予測を行い、販売計画立案のインプットになったり、参考情報になったりするシステム**です。

B2Bビジネスの業界では、顧客との商談管理を行う「**SFA（Sales**

Force Automation〔6-3参照〕）」のシステムがあります。商談の規模、見積もりに記載される品目と数量、商談ステージの進捗状況が管理され、販売計画へのインプットまたは参考情報になります。

　需要予測や商談情報をインプットに作成される販売計画を管理するのが「**SCP（Supply Chain Planner〔6-4参照〕）**」です。SCPは販売計画から仕販在計画や生販在計画の立案を行うシステムです。**SCMの「計画業務」の中核を担うシステムになります。**

　SCPからの「**基準生産計画（MPS: Master Production Schedule）**」を受けて「**資材所要量計算（MRP: Material Requirement Planning）**」を行い、製造指図や調達指図を作り、発注を行うシステムが「**ERP: Enterprise Resource Planning〔6-5参照〕**」です。ERPは債権債務管理も行い、会計処理を行う機能を統合的に持つのが普通です。

　製造指図は日ベースの製造の指示でしかないため、小日程計画を立案し、製造順序計画をアウトプットするシステムが「**スケジューラー（6-6参照）**」になります。制約条件を考慮し、適切な順序計画を立案します。

　製造指図から詳細な作業指示に展開し、実績を収集する仕組みが「**製造実行システム（MES: Manufacturing Execution System〔6-7参照〕）**」です。MESはハンディーターミナルやPLCなどと連携し、指示を発行して実績を収集します。

　また、設備の稼働状況を収集するのが「**SCADA（Supervisory Control And Data Acquisition〔6-7参照〕）**」です。SCADAは、現場設備群の統合的な制御とデータ収集を行うことができます。工場のプラント制御の仕組みとして大規模に作られているプロセス系の工場もあれば、小規模に設備の稼働実績だけを集めている工場もあります。

　物流システムとしては、倉庫で現品管理を行う「**WMS（Warehouse Management System〔6-8参照〕）**」、輸送管理を行う「**TMS（Transport Management System〔6-8参照〕）**」があります。

　SCMにおけるさまざまなデータの可視化を統合して行うシステムが「**BI（Business Intelligence〔6-9参照〕）**」です。BIは各システムと連

携し、可視化したいデータのデータベースになるとともに、データを見やすいように加工することができます。

　SCMでは、基本的にこのような仕組みが存在しますが、特殊な仕組みとしては、製薬業で「LIMS（Laboratory Information Management System）」という検査結果をまとめるシステムがあったりします。

　また、工場のネットワークインフラ上、設備と連携してデータの受け渡しと制御の仲立ちをする「PLC（Programmable Logic Controller）」があり、その先にIoT端末や設備制御盤、設備そのものがあります。

　PLCから下位は工場のフロア制御システム群になるため、詳述はしませんが、指示と実績の最下層の機能を担うので、きちんと上位システムであるMESやSCADAと連携を構築しなければなりません。

　また、SCMとの連携で重要なシステム群が**設計管理（Design Chain Management）**に関わるシステムで、設計図面情報を管理する「**CAD（Computer Aided Design）**」、製品ライフサイクルを通じて製品の品目情報と構成情報を管理する「**PLM（Product Lifecycle Management**」、品目情報を管理する「**PDM（Product Data Management）**」、各種マスター情報を管理する「**MDM（Master Data Management）**」といったシステムがあり、SCPやERPその他多くの仕組みと連動します。

　PLM、PDM、MDMは、製品や部品の情報を管理するための重要なシステムになります。特に、設計変更が起きた場合の部品の変更情報はタイムリーにBOMと連携しなければなりません。

　そのため、PLMなどではBOMの世代管理を行い、ERPで使う生産BOM、サービスで使うサービスBOMにタイムリーに連携する仕組みが必要です。

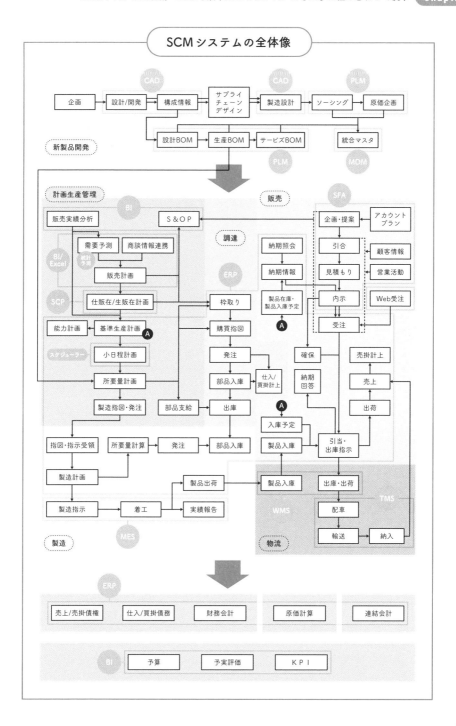

SCMシステムの全体像

統計予測を行う需要予測システム

統計予測は強力なツールにもなり得るが限界もある。

SCMで使う需要予測を行う専用ソフトウェア

SCMで使う需要予測を行う専用ソフトウェアがいくつかあります。専用ではなく、SCPなどの付属モジュールの場合もあります。

いずれせよ、各システムは統計モデルを実装していて、適切な統計モデルを選んで需要予測を行うことができます。ただし、選んだモデルがそのまま使えるわけではなく、モデル式とパラメータチューニングをして、予測値の当てはまりをよくしていきます。

前述のように、代表的なモデルでは、「移動平均モデル」「指数平滑モデル」「季節変動モデル」などの「**自己回帰モデル**」というものがあります。自己回帰とは、**過去の実績値から予測値を算出するモデル**です。

たとえば、指数平滑モデルでは、直近の実績とそれよりも過去の実績値が予測値に与える影響の重みを変えるモデルです。直近の実績の影響の重みを α とすると、それよりも過去の実績の影響の重みは $(1-\alpha)$ になります。

式で表すと、

$$Xt = \alpha\, Xt - 1 + (1-\alpha)\, Xt - 2$$

となります。このとき、重みのパラメーター α の数値の選択がチューニングになるわけです。

統計モデルには、「ウィンター法」「ホルト・ウィンタース法」「クロ

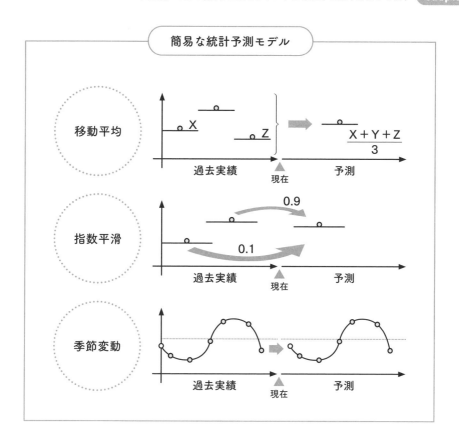

簡易な統計予測モデル

移動平均

過去実績　現在　予測

$$\frac{X+Y+Z}{3}$$

指数平滑

0.9

0.1

過去実績　現在　予測

季節変動

過去実績　現在　予測

ストン法」「インストールモデル法」などさまざまなものがあり、モデ
ル選択とパラメータチューニングには統計的な知識とスキルが必要で
す。統計式を説明すると長くなるので、より詳しく知りたい方は統計解
析の書籍をお読みください。

　また、パッケージによってはモデルとパラメーターの自動選択をして
くれるものもあります。過去実績から回帰的に当てはまりのよいモデル
を選んでくれるのです。簡単でいいようにも見えますが、パッケージが
選んだモデルでも、そのモデルの良否を判断できるだけの知識とスキル
が必要です。

統計解析ソフトのウェアを援用する

専用の需要予測システムではなく、統計解析ソフトそのものを援用することもあります。このときは、より統計的な知識とスキルが必要です。

また、そもそもSCMの需要予測用ではなく統計解析用のシステムのため、実務に使えるようにするためには、それなりの工夫かソフトウェアの改造が必要になります。

表計算ソフトで統計予測をくみ上げる

需要予測のシステムが効果であったとしても、それなりにシステムを構築し、ソフトウェアに習熟しなければならないため、コストがかかります。そのため専用の予測パッケージではなく、表計算ソフトを使って統計予測を作り上げる会社もとても多くあります。

表計算ソフトには関数として統計式も入っているので、関数を使えば統計予測モデルが作れます。そんなにむずかしい式ではなく、単純に昨年同時期のデータをそのまま使うとか、そのデータに事業拡大の比率をかけて1.1倍して出すとか、より簡易にモデルを作ることもできます。

実際は、統計式よりもこうした単純な考え方にもとづく式のほうがわかりやすいので、表計算ソフトはかなり使われています。

MINI COLUMN ❻ ——————————————— 統計予測とAI

統計予測は数学的な統計手法にもとづく予測業務です。数学的な手法を使うため、安易にAI（Artificial Intelligence）でできないか、といった乱暴な議論が多く見受けられます。統計予測業務は単なるデータのフィードバックではなく、統計モデルが必要になるため、簡単にAIでできるわけではありません。

B2Bビジネスの売上見込となる
商談管理システム「SFA」

B2BのSCMでは、商談管理システムは必須なシステム。

商談管理にある3つの管理領域

B2Bビジネスでは、「**商談管理**」は必須です。商談管理には大きく分けて3つの管理領域があります。1つは「**顧客情報管理**」、もう1つは「**営業活動管理**」、最後に「**商談プロセス管理**」です。

「**顧客情報管理**」とは、お客様の情報の管理です。顧客名、組織名、担当者名、役職、過去の取引履歴、その他顧客情報です。お客様の情報が各営業マン個人の頭のなかや名刺ホルダーにしかないといった会社も多いのですが、それでは会社の情報資産が個人持ちになり、組織的に活用できません。「**SFA（Sales Force Automation）**」では、**顧客情報を一元管理します。**

「**営業活動管理**」とは、営業マンの日々の営業活動の管理です。スケジュールを組み、誰と、どんな面談をしたのか、内容と問題点、課題、今の状況、今後の見通しとアクションを日報にします。いわゆる「日報管理」ととらえてもよいでしょう。日報も、表計算やメール、口頭報告で終わることもあり、後に検証ができなかったり、紛失したり、組織的に共有できなかったりするので、システムでの一元管理が望まれます。

最後に「**商談プロセス管理**」です。商談プロセスには、だいたい定型的なステップがあります。業界や企業によって違いはありますが、「**企画-引合-仕様検討-見積もり-内示-受注-出荷・納入-売上**」といったステップが一般的です。このステップの1つひとつを「**ステージ**」といいます。このステージを進まないと売上に到達しませんから、ステージが進捗しているのか、その商談は獲得できるのか、といったことを可視

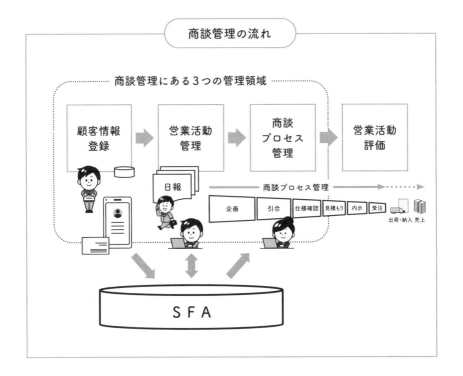

商談管理の流れ

商談管理にある3つの管理領域

| 顧客情報登録 | → | 営業活動管理 | → | 商談プロセス管理 | → | 営業活動評価 |

日報

商談プロセス管理 →

| 企画 | 引合 | 仕様確認 | 見積もり | 内示 | 受注 |

出荷・納入　売上

SFA

化して管理するのです。

商談プロセス管理のプロセスとその重要性

　3つの管理はいずれも重要な管理ですが、日本企業に最も欠けているのが「商談プロセス管理」です。商談プロセスが定義されていないので、営業活動が属人化しており、売れるのか、売れないのか聞いてもあいまいです。予算通り売上が行くのか、このまま経費を使っても利益目標が達成できるのか、不明瞭なまま組織が動かざるを得ません。

　また、商談プロセス管理ができていないと、都合がわるい案件は隠しがちになります。案件があるのに報告せず突然の売上獲得で得意になって宣伝し、工場などに迷惑をかけます。新人はプロセスがわからないので次に何をすべきかわからず、重要なステージで報告を忘れて同様に工場に迷惑をかけたりします。

　商談プロセス管理は、**各商談案件を可視化し、その進捗を追いかけて確実な売上達成への推進をすることで、予算通りに売上・利益が達成できるのかどうか、できない場合は対策を考えることを可能にします。**計画的に、売上・利益を達成するための必須管理です。

B2Bでは商談プロセス管理とSCMを連携させる

　また、商談プロセス管理はSCMとの連携が必須です。先の例であるように、営業マンが隠したり、忘れたりすると供給がまともにできなくなるからです。

　たとえば、知らされていない大口商談が来ても、原材料や部材がなければ作れません。製造能力も用意していなければ作れません。モノを製造し、調達するにも各種の制約があるので、事前に情報を共有して対処しなければ対応できないのです。供給できなければ失注して顧客の信用を失うという深刻な事態となり、会社の収益を痛めます。事前共有をするためにも、まず営業組織でしっかり管理し、情報共有をし、S&OPで生産や調達の意思決定をします。

　また、商談プロセス管理がいい加減では会社にリスクをもたらし、結果的に損失を与えます。商談管理がいい加減で、「この案件は取れる」と組織的な検証も承認もなく、個人的に工場に生産や調達をさせておいて、結果的に「あの商談はなくなりました」と軽く言う営業が多い会社は問題です。在庫が滞留し、廃棄になると大きな損失だからです。

　B2Bビジネスで商談管理をきちんと標準化し、システム化していっていない会社は遅れています。SCMとしては連携必須の業務です。

商談管理を行うSFA

　以上のような商談管理を行うシステムが「**SFA**」です。**顧客管理、商談活動管理、商談プロセス管理**ができます。SCMシステムではありませんが、B2Bビジネスの会社では必須のシステムですし、SCMとの連携が必須の業務を支えるシステムとして導入すべきです。

SCMシステムの神髄：
計画系システム「SCP」の導入の方法

サプライチェーンの計画全般を立案するシステム。

SCPの業務領域と各機能

「SCP（Supply Chain Planner）」は計画を担うシステムです。その
カバーする範囲は、需要予測、販売計画、仕販在計画、生販在計画、生
産計画、調達計画になります。

　需要予測モジュールを持つSCPもありますが、需要予測用のシステ
ムもありますので、必ずしもSCPの需要予測を使う必要はありません。

　また、SCPに需要予測モジュールがついているからといって、安易に
使うべきではありません。需要予測はモデル化やフィッティングが必要
なため、慎重に使うべきシステムを選択すべきです。

　販売計画は、複数の販売計画を保持できる必要があります。販売予算、
販売実績、前回の販売計画、営業販売計画、マーケティング部門の上乗
せなどのいくつもの販売計画に関わる情報を可視化します。こうした複
数計画を保持・可視化するシステムとしてSCPを使います。

　仕販在計画や生販在計画もSCPが担います。複数の在庫拠点のPSI計
画を連鎖させて作ることで、サプライチェーン全体の連鎖計画と各在庫
拠点の在庫計画を立案することも可能です。

　また、生販在計画の生産要求に対し、基準生産計画としての生産計画、
基準生産計画と連動した調達計画を立案することも可能です。

SCPで必要なプランニングBOMと制約条件の考慮

　調達計画を立案する際は簡易な構成情報を持ちますが、MRP（所要

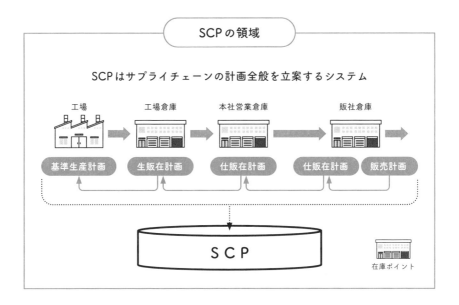

量計算）で必要な製造 BOM（Bill Of Materials：部品表）ほどの網羅性は不要で、先々の計画を保持してサプライヤーと枠取りするなどの調達計画が必要な品目の構成だけ持てば十分です。また、複数工場間をわたる中間製品の在庫計画と生産要求計画、工場内でも特に制約条件を加味した計画が必要であれば、制約となる工程の能力などを持ちます。工程は、組立工程や加工工程といった大雑把な定義で十分ですが、制約としてどのレベルまで詳細に見るかによってシステム化の難易度が変わるので、制約考慮の要否、詳細度の見極めが必要です。

　生産・調達だけでなく、仕販在計画や生販在計画でも構成情報が必要です。たとえば、下流の倉庫の仕入計画が、どの上流倉庫の出荷計画になるのかわからなければ PSI 計画の連鎖ができません。倉庫間の仕入計画－出荷計画をひもづける構成情報が必要です。このひもづけの構成もプランニング BOM として持ちます。

　また、まれに倉庫間輸送などの輸送制約を加味した計画を立てたいという要求が出ます。SCP で輸送制約として設定できるシステムもあります。

複数拠点の同時計画と調整への活用

　SCPは複数拠点の同時計画が可能です。すると、各拠点計画を比較できるので、さまざまな調整に使えます。ある工場への生産要求が過剰で生産能力制約を超える際、他の工場の生産能力に余裕がある場合、生産代替工場として生産要求を割り振り、生産配分を行います。これは、一部の工場の生産が過少で、工場収益の悪化が見込まれる際の生産配分にも使えます。

　また、複数工場で使う同じ部品が同じサプライヤーから調達されている場合、需要の急減によって取り合いが発生する際にその両者を取り持って調整し、そのうえでサプライヤーと調整するといったこともできます。調達計画にある制約となる部品の配分供給を行うのです。

　こうしたSCPでサプライチェーン上の計画を可視化することで、**複数拠点の在庫、仕入、生産、調達の状況が可視化され、必要な調整を事前に、計画的に行うことが可能**になります。

　サプライチェーン上の計画を可視化した結果、**調整はS&OPで判断します。SCPは、主に数量の計画**になります。

　選んだSCPによってはグラフ化などが苦手なシステムもあるので、グラフ等はBI（Business Intelligence）に任せる場合もあります。また、S&OPでは金額化した計画も見ますので、金額換算もBIに任せることが多いでしょう。

　かつて2000年ごろに自動最適化を謳ったSCPが流行し、結局使いきれずに数億円、数十億円をムダにした会社が多くありました。今でも、計画領域は各社各様でシステム化がむずかしい領域です。その領域に、「このパッケージを使えばSCMやS&OPができます」といった安易なセールスをしてくるベンダーもいまだにいますので、注意してSCPは選びましょう。

「ERP」と呼ばれる基幹システムの正しい選択と導入方法

実行業務を支える基幹システムの役割は、伝票管理と指示と実績の集積。

ERP は指示と実績

「ERP（全社資源計画）」は、Enterprise Resource Planning の略です。資源計画とあるのは、ヒト・モノ・カネの計画をするという意味でしょうが、実態は計画ではなく、**計算処理と指示と実績のデータベース**と考えてよいでしょう。

ERP でいう Plan にあたる部分は主に「**所要量計算**」で、これは SCM 的な見方では、計画ではなく「**計算処理**」です。「計画業務」ではなく、「実行業務」に分類します。

ERP の能力計画はぜい弱で、いわゆる設備能力計画や人員計画向きではありません。予算などの計画の登録をできる ERP もありますが、予算策定の柔軟性に対し、さほど適しているとは思えません。

つまり ERP といっても、ヒト・モノ・カネの計画が思い通りにできるわけではなく、**モノの所要量の計算ができるだけ**と考えたほうがよいでしょう。あとは、**指示と指示に対する実績が集計できるシステム**と考えて問題ありません。

SCM で関係するのは、主に生産管理と販売管理

ERP には「**実行業務**」として多くの機能を持っています。

生産管理、販売管理、会計管理が主で、その他パッケージによってもさまざまな機能がついています。ERP を選ぶのが大変なのは、その業務機能のカバー範囲が広く、パッケージによって機能の有無や特徴があ

るからです。

SCMで関係するのは、生産管理と販売管理です。生産管理では所要量計算を行い、「**製造指図**」と「**購買指図**」を作る機能です。SCPからの生産要求を受け、MRP処理を行い、両指図を作ります。

製造指図はMESに渡り、作業展開後に製造指示になります。購買指図はERP内で発注に変換され、外部に対して発注処理を行い、入庫予定管理を行います。発注されたモノが納入されると、入庫処理され、在庫計上と買掛計上がされます。

販売管理では、受注して在庫を引当て、出荷指示を行います。出荷されると請求書が発行され、売上計上と売掛債権が計上されます。

ERPでは、こうした実行処理を行うに際し、処理の内容を登録する「**伝票**」という画面を使います。出荷指示時は「**出荷伝票**」、受注時は「**受注伝票**」、発注時は「**発注伝票**」が登録され、ERPに処理をした記録（＝証跡）が残るのです。製造指図や購買指図も伝票の一種です。

▌実績を集めて原価計算をし、財務会計処理を行う

ERPでは各種伝票の実績を集約し、実績データを集めます。生産に関わる実績データから原価計算が行われます。

伝票（＝トランザクション）には、会計仕訳と同義のものもあります。発注にともなう入庫伝票は「仕入/買掛金」、出荷伝票は「売掛金/売上」となります。これらの処理は、会計仕訳となって、総勘定元帳という財務会計用の元帳に記録として記入されます。ERPでは、原価計算、財務会計処理が行われます。

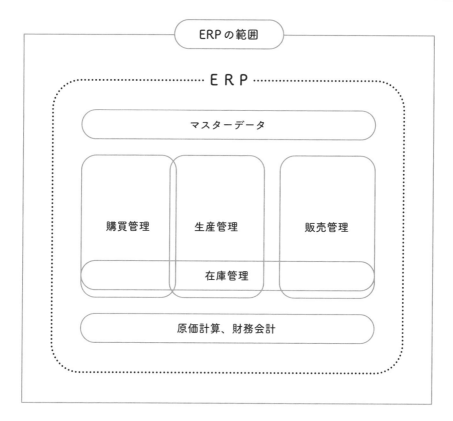

ERPの範囲

ERP

マスターデータ

購買管理　　生産管理　　販売管理

在庫管理

原価計算、財務会計

MINI COLUMN ⓸ ── **ERPは"プランニング"ではない** ──

ERPの略はEnterprise Resource Planningであり、Planという言葉が使われるため、計画のためのシステムと勘違いする人もいます。実際にできるのは計算処理だけで、これはPlanとは呼べません。ERPはどちらかというと指示と実績のデータベースであり、PlanではなくExecution（実行）のシステムなのです。

小日程計画を担う「スケジューラー」

設備別の生産順序計画を時間ベースで立案するシステム。

■ 設備別生産順序計画はスケジューラーで立案する

　「スケジューラー」とは、生産する品目の着手スケジュールを決める**システム**です。基準生産計画や製造指図には、各品目を「何日に何個作れ」という計画はありますが、「どの品目を、どの順序で生産するか」といった詳細な順序計画がないので、その順序を決めるのです。

　また、基準生産計画や製造指図には、どの設備で生産するのかといった情報もないことが一般的です。設備Aと設備Bで生産できる品目Xに対し、「設備Aで作りなさい」と決めるのです。

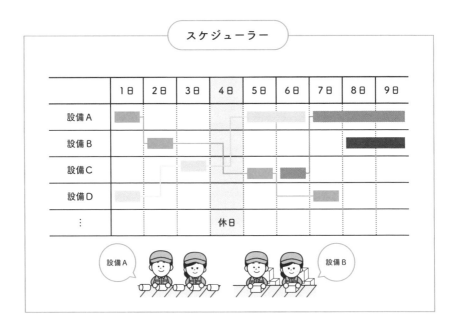

無限能力計画と有限能力計画の違い

設備Aで作ることがわかれば、その設備Aが生産に使える時間と、品目X1個をどれくらいの時間で作れるかといった情報から、**設備の有限生産能力（有限能力＝有限制約）下での生産可能数**が決まります。

同様に、品目Yを設備Aで作る場合で、設備Aが1日8時間稼働・生産に対し、品目Xが1個1時間、品目Yが1個2時間の標準時間がかかるとします。品目Xが5個、品目Yも2個の製造指図が出ていると、品目X5個で5時間設備Aを占有し、その有限な能力を消費します。すると、設備Aで残りの利用可能な稼働時間は3時間となり、品目Yは1個しか作れないことになります。

基準生産計画や製造指図は、基本的に生産能力を考慮せずに生産要求数を出します。能力を無視した計画を「**無限能力計画**」といいます。生産能力は制約条件になるので、制約条件を考慮しない計画として、「**無限制約計画**」ともいいます。

一方、スケジューラーは能力制約を考慮するので、「**有限能力計画**」、または「**有限制約計画**」といいます。

スケジューラーの計画調整の仕方

先の例でいえば、品目Yが1台しか作れなくなりましたが、その際、いくつかの方法で品目Yを作る計画をスケジューラーが立案することが可能です。

たとえば、設備Aを残業して稼働時間を上げる、代替設備Bが使えるならBに割り振る、品目Yを先に作るといったことです。設備の稼働率を考えると、品目Xを先に作ると、品目Yは1個しか作れず、稼働時間が1時間余りますが、品目Yを先に作ると、品目Yで2個×2時間＝4時間、残りの稼働時間4時間でXが4個作れて設備はフル稼働になり、効率がよくなります。

こうして**設備稼働などを考慮し、設備別の生産順序を決めるのがスケ**

ジューラーの機能です。設備別や生産順序による効率的な生産順序計画
が立案できる仕組みなのです。

■ 治具制約、人員制約などのむずかしい制約条件

こうした設備能力といった制約条件以外に、生産順序計画を決める「小
日程計画」では、治具制約、人員制約、スキル制約、段取り制約などの
さまざまな制約を考慮することがあります。

「治具制約」とは、設備に使える治具が少なく、2台の設備で作れる
のに、治具が1つしかなくて、設備が1台しか使えないといった状態で
す。

「人員制約」も同様で、設備がいくつもあるのに、人が少なくて設備
が動かせないといった制約です。

「スキル制約」は、今度は人の頭数はいても、製造スキル上、できる・
できないがあるため、結局できない人が何人いてもできる人しか使えな
いといった制約条件です。

こうした制約条件が考慮できるスケジューラーもありますが、かなり
むずかしい条件設定になり、システムの運用が困難になります。

もう1つ、重要な制約が「段取り制約」です。段取り制約は品目切り
替えの順序が変わると段取り時間が変わり、設備の稼働時間を圧迫する
ので、生産順序を考慮する必要があるということを指します。

たとえば、黒インクのあとに白インクを作ると、切り替え時に洗浄が
大変で時間がかかりますが、白インクのあとに黒インクを作るのであれ
ば、洗浄時間が短くなるため、「黒⇒白」より「白⇒黒」と作ったほう
が効率がよいという条件です。

生産能力制約以外にさまざまな考慮すべき制約条件がありますが、す
べてを考慮するとシステムが複雑になります。最も重要な制約を考慮し
た計画で抑え、あとは人手で調整するほうが合理的な場合もあり、スケ
ジューラーはどこまで作り込むかといったむずかしい判断が必要になり

ます。

■ ERP（MRP）のBOMとは異なる工程情報などの必要性

スケジューラーにも「工程」という考え方があります。

ERP（MRP）にも工程という設定が必要ですが、ERP（MRP）とスケジューラーの工程には詳細度の差異があり、ERP（MRP）で使われているBOMがそのままでは使えません。

スケジューラーではより細かい工程の定義が必要ですし、さらに工程ごとに持っている設備の情報、品目ごとの設備の製造可否も情報として持たねばならないので、ERP（MRP）のBOMとは異なる工程情報と設備情報を追加で持たねばなりません。

さらに設備別の稼働時間、品目別の設備別標準作業時間といった情報も必要です。かなり詳細な設定が必要になり、こうしたマスター情報をきちんと管理して、常に最新にしなければスケジューラーは使えません。

MINI COLUMN 8 ──── **MRPとスケジューラー** ─

　システム導入を行う際に、MRPを導入せずにスケジューラーを先に入れてしまったため、その後MRP導入ができずにスケジューラーで所要量計算を行って、製造必要数と調達数を計算している会社もあります。スケジューラーでMRPの機能を実現してしまっているため、後にERPを入れる際、MRPを新たに入れるべきか、ERPのMRPとスケジューラーでどのような機能分担とデータ連携をすべきか、頭を悩ませている企業も多くあります。実際、悩ましい状況になるのです。

工程管理「MES」と稼働管理「SCADA」は上位システムと統合する

現場への指示と実績のMES、設備コントロールと稼働監視のSCADA。

MESは現場の指示と実績情報を持つシステム

　製造指図の情報を受け取って、作業に展開し、製造指示を行うシステムが、**製造実行システムMES**（Manufacturing Execution System）です。MESには工程と作業情報があり、各作業の**作業標準**（SOP: Standard of Procedure）が登録されます。

　作業標準とは、**各作業で守るべき手順やルール**です。たとえば、最初に設備Sを稼働させ、水を2リットル注入したあとに、原料Tを3回にわけて500グラムずつ計って投入し、次に原料Uを2回にわけて1キロずつ計って投入し、3分後に原料Vを50グラム投入するといった手順が決められていたりします。

　MESでは、投入時に投入する部材がミスしないようにハンディーターミナルでバーコードを読み込んでチェックしたり、投入数量を読み込んで記録したりする機能があります。投入した設備に貼られたバーコードを読ませて使用設備のミスがないようにポカヨケにも使えます。

　製造が終わったら、完了した数量を数えることで生産実績出来高を記録したり、不良数を入力して不良率計算の元情報を記録したりします。

　MESで記録した投入と出来高、不良数はERPに渡され、原価計算の元情報になります。

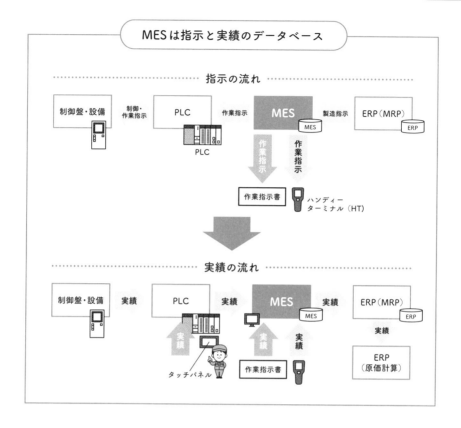

MESはトレーサビリティのデータベースにもなる

MESでは、サプライヤーから入庫された部材のロットナンバーが保持できます。また、各製造の実績が保持でき、製造品の各工程・作業での製造実績を蓄積しています。製造時に製造ロットナンバーを採番するようにしておけば、ロットナンバー管理ができます。製品につけられたロットナンバーによって、不具合が起きた際にさかのぼって、どの工程・作業、どのサプライヤー納入ロットナンバーに問題があったのかということを特定できます。

MESがあれば、ロットナンバートレースができ、トレーサビリティがシステム化でき、問題発生点の発見が早くなり、それだけ対策が早く打てるようになります。

設備コントロールと監視などを行うSCADA

設備の稼働条件などをあらかじめ決めておき、遠隔で設備稼働をコントロールできる仕組みが、**SCADA（Supervisory Control And Data Acquisition）** というシステムです。SCADAは設備制御に使うだけでなく、設備の稼働状況のデータを収集することもでき、稼働実績を蓄積して稼働分析に活用することもできます。工場の事務棟のなかに中央監視室がある場合がありますが、そこで見る設備監視画面はSCADAがもとになっています。

SCADAは設備制御盤やPLCとつなげて、制御指示と実績情報を集める工場の設備インフラに近いシステムです。導入するには、生産技術部門や設備部門、外部の計装装置メーカーなどと連携して導入します。

IoTセンサーなどを導入し、実績データを自動で収集したいのであれば、SCADAと連携させてデータを蓄積することになります。蓄積したデータはSCADAでも分析できますが、BI（Business Intelligence）などの可視化ツールに送って、ユーザーが見やすい状態にして分析するほうがよいでしょう。

MINI COLUMN ⑨ ———— SCMの用語説明⑤ ——

● **PLC（Programmable Logic Controller）：プログラム制御装置**

機械設備の稼働を制御し、実績を収集する装置。プログラムによって機械設備の制御ロジックを構築できるので、柔軟性が高く、製造条件の変更が容易にできます。

MESからの製造指示を機械設備に伝えたり、実績をMESに受け渡したりできます。SCADAからの設備制御情報を機械設備に伝えたり、設備の稼働情報を収集し、SCADAに渡して稼働状況を可視化します。PLCは機械設備とも連動するため、構築・連携には生産技術部や機械技師の力が必要です。

物流効率化と倉庫システム「WMS」、輸送管理システム「TMS」

倉庫の作業と在庫情報をつかさどるWMSとトラック手配などのTMS。

■ ERPから出荷指示を受けて出荷する製品倉庫のWMS

倉庫には、「WMS（Warehouse Management System）」という**倉庫管理のシステム**を導入します。出荷を行う製品倉庫のWMSは、ERPからの出荷指示を受けて、ピッキングリストを出し、倉庫作業者にピッキングを行わせます。ピッキングした在庫は、出荷伝票や納品書、納品受領書などとセットで輸送業者に引き渡され、出荷となります。

出荷データはERPに戻され、出荷実績となり、製品在庫が引き落とされます。

■ ロット逆転防止などの機能も付加できる

お客様に出荷する際に、以前に出荷した製品よりも古い製品がいかないように、常に前回の出荷ロットナンバーよりも新しいロットナンバーを引当てて出荷することが義務づけられていることがあります。

ERPでロットナンバーを持たせることもできますが、データがぼう大になるのを避けるため、WMS側で前回出荷ロットナンバーを保持し、ロット逆転が起きないように在庫を引当て、ピッキング指示を出す機能を持たせることもあります。

その際は、MESから製造ロットナンバーを引き継いで製品在庫データに保持し、識別できるようにしておきます。WMSの出荷伝票とひもづけができれば、問題が起きた際に問題を起こしたロットナンバーがどのお客様に出荷されたのかがすぐわかります。

ERPから入庫予定を受けて入庫処理する資材倉庫のWMS

　WMSは、サプライヤーからの購入部材を管理する資材倉庫にも使われることがあります。ERPからの入庫予定データを取得して、入庫時にバーコードなどを読み込むなどの入庫処理を行い、入庫予定を消し込みます。消し込まれた入庫予定データはERPに送られ、入庫計上されます。

トラック手配と運行情報を収集するTMS

　トラック手配と運行情報を管理するシステムが「TMS（Transport Management System）」です。トラック手配を行う際、出荷データから方面別品目を集計し、容積や重量を計算し、許容される容積率から方面別の必要台数が計算されます。

　トラックのコンテナに合うように荷を詰め込み計算することを「**積み付け**」といいます。出荷される荷によっては、クレーンや温度管理などの特殊車両が必要になります。積み付けの結果、特殊設備の有無も合わせてトラックに割りつけるのを「**車組み**」といいます。方面別に車組みができたら、トラックを手配します。

　TMSには、**運行情報を収集する仕組みがあるもの**もあります。発進、走行、停止などの実際の運転状況、積載率、走行距離、燃費などを記録します。

トラック手配はむずかしく、TMSの導入はできていない

　出荷時のトラック手配は、今も人手で行われていることが多いものです。トラック手配は意外とむずかしいのです。そもそも、トラックの荷台に積み込む荷の容積や重量情報がなかったり、積載効率を上げようとしても、複数の荷姿の違う荷を効率よくつめ込む"3次元の積み付け"が、システムでは困難だったりします。

　手配できるトラックにも制限があり、自社になければ庸車しますし、納入先が指定できるチャーター便手配か、輸送ルートが決まっている路線便手配かといった判断も必要です。システム化がむずかしく、人が手配を計画したほうが効率的なため、なかなかTMSの導入は進んでいません。

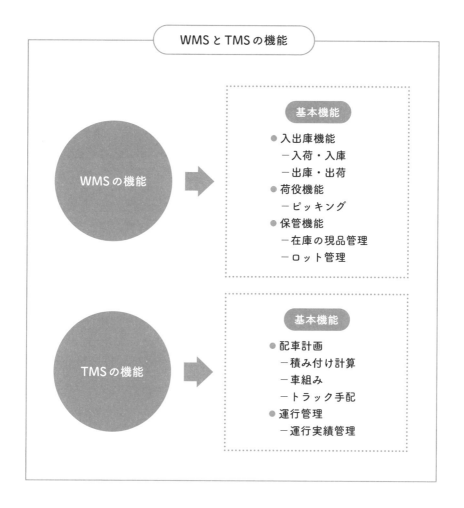

SCMと業務のパフォーマンスを見える化する「BI」システム

BI（Business Intelligence）は、可視化を支援する。

▌BIはデータを統合して可視化するツール

　会社にある各種データは、各システムに散在しています。それだけでなく、紙や担当者の表計算ソフトに埋没していることも多くあります。

　データを集計したり、加工したりした集計・加工後データも担当者の表計算ソフトに保存されて個人管理されているため、どのデータが正のデータかわからなくなっていることもよく起きます。会議で、「データが正しいのかどうか」「どのデータを使っているのか」でモメるということも日常茶飯事です。

　データの保存をシステム化し、一元的に統合管理することで、**全員が同じデータを見たり、使ったりしている状態を作り出さないといけません**。

　こうしたニーズにこたえるのが「**BI（Business Intelligence）**」です。BIは、分析したいデータの種類に応じて、MES、SCADA、ERPなどからデータを取得して蓄積し、設定した形式でデータを見ることができるシステムです。

▌ERPやSCPからのデータ取得と可視化

　出荷データ、入庫データ、在庫データはERPが保持しています。売上、在庫、原価、粗利などの財務データや、受注残や発注残などの取引データをBIで可視化したい場合、ERPからBIに連携して可視化・分析します。ERPは取引データが集積されているだけで、可視化にはあまり向

かないからです。

　SCPにある仕販在計画や生販在計画データも、SCPで見にくいときはBIに連携してBIで可視化することもあります。また、SCPは個別の品目ごとの計画システムなので、品目グループで集約したり、金額に換算して集計したりするのが苦手です。S&OPなどで数量と金額の変換を見ながら判断したい場合には、BIを活用します。

MESやSCADAとBIを連携し、製造実績を可視化する

　製造の指示と実績はMESに蓄積されます。良品率や仕損率などはMESからBIにデータを送って、集計・加工して可視化します。

　設備稼働データは設備やIoTセンサーから収集し、PLCを経て、SCADAに集約したうえでBIに連携し、可視化します。

　MESもSCADAも現場システムのため、分析をすることには適していません。BI側で可視化をして、分析に使います。

手軽に使えるViewer型BIもある

　BIを使うにしても、**データベース（DB）に関する知識が必要になります**。DB（またはDWH：Data Warehouse）に格納されているデータから必要な項目を抜き、集計するためのデータ作るというのは、DB（DWH）を操作するのに等しいのです。常に同じデータ加工をするのであれば、必要データだけを引き抜いて見せるData Martを作ります。こうした作業も情報システム部へのお願いになります。

　最近では、ユーザーが見たい切り口を変えながらデータ加工ができる「**Viewer型BI**」も出てきています。ユーザーがデータ加工できるので、手軽に使うことができますが、分析手法や統計の知識はあったほうがよいでしょう。

　もちろん、表計算ソフトで可視化することも許容されるべきですが、

属人化します。可視化を標準化したいのであればBIが必須です。

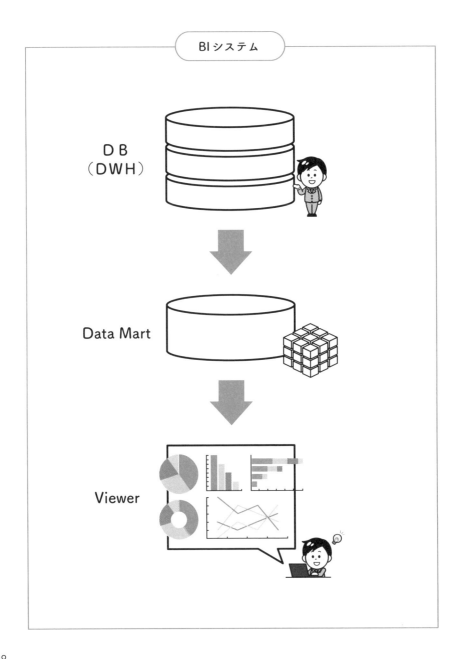

システム導入の正しいステップ

失敗しないシステム導入をする際のステップ。

■ システム導入が失敗する原因

SCMに限らず、システム導入には失敗がつきものです。その失敗の主な原因は、**システム導入の目的があいまいで、自社の業務が明確に描かれないまま、"とりあえず"システム導入を始めてしまうこと**です。

特に、SCMのような組織横断のシステムを導入する際には、**目的が明確でないと、部門利害が先になり、方向性が統一できません**。

また、業務の流れや業務機能、業務ルールがあいまいなままだと、要件定義でモメたり、ひどい場合には適当に要件定義をしのぎ、開発後にテストでもめて、テスト段階で要件を再定義したり、設計し直したりすることで手戻りばかりで、終わらないプロジェクトになります。

また、営むべき業務があいまいで、「有名だから」とか、「他社も使っているから」とかの適当な理由でシステムを選んでしまうと、自社に合わずに跡形もないくらいに作り変えることになりかねません。下手をすると稼働できずに廃棄になるケースもあります。

システムは家を建てることに似ています。どのような家を建てたいかといった目的やイメージを持って、きちんと設計してから建築に入ります。あとで建築中にいろいろな変更をすると、工期も伸び、お金もかかり、そもそも要求がかなえられないといった大変なことになります。

システム構築も同様なのです。きちんと手順に従って導入しなればなりません。

▌失敗しないSCMシステム導入のためのステップ

　システム導入で失敗しないためには、以下のようなステップをきちんと踏むべきです。

❶ 目的と目標の設定

　システム導入の目的や目標を明確にします。ここがブレると、なんのためにシステム導入をしているのかわからなくなり、モメることがあります。たとえば、SCMシステム導入の際、「世界中の在庫を可視化し、コントロールする」などの目的があれば、世界中の販社や工場の在庫を可視化すべく、システム連携を構築する方向性が認識されます。そうでないと、「なぜ、うちの販社の在庫を本社に見せなければならないのか」といった個別の議論が起き、プロジェクトが停滞しかねないのです。

❷ 現状調査

　現状調査は必須です。過去、多くのプロジェクトが「あるべきで作れ」「システムに業務を合わせろ」といって失敗しました。現状には、行うべき正しい業務があり、そうした業務を無視してはいけないのです。現状を把握したうえで、残すべき業務、変えるべき業務をきちんと認識します。

❸ 構想策定

　構想は、システムを構築するための方向性になります。方向性がないと、システム導入が迷走します。たとえば、「B2Bビジネスの商談プロセス管理を行う」などの方向性がないと、SFAを入れる際に何を実現するのかわからなくなり、実装したい要件が迷走するのです。

❹ 業務設計

　業務設計がなければ、適合するパッケージは選べませんし、要件定義へのインプット情報がありません。業務設計は、ユーザーが自分の業務のあり方に責任を持つ意味でも、ユーザー主導で行います。

❺ パッケージシステム選定

SCMには、さまざまなパッケージシステムがあります。自社の目的、構想、業務設計における実現したい業務要求に合致したパッケージシステムを選びます。

❻ ITベンダー選定

ITベンダーもさまざまな会社があります。ITベンダーはシステム構築のパートナーですから、慎重に選びます。

❼ 要件定義

パッケージシステムが決まり、ITベンダーが決まったら、システム要件定義をします。要件定義まではユーザーの責任です。ユーザーを巻き込み、要件をきっちりとまとめ上げなければなりません。要件があいまいだと、このあとの工程がうまくいきません。時間がかかっても、要件定義の手を抜いてはいけません。

❽ 設計・開発・移行・テスト

このステップは、通常のシステム開発のプロセスです。しっかりとしたITベンダーを選び、自社の情報システム部門をきちんと育成しておけば、このステップは粛々と進みます。

❾ カットオーバーと定着化

カットオーバーは、システムを一気に立ち上げるのか、段階的に立ち上げるのか決めておき、できるだけリスクのないように準備します。ERPやMESなどの実行システムは、工場の生産が休みのときなどの工場スケジュールにも左右されるので、スケジュール調整が必要です。

また、ユーザーにとってもシステムが変わることのインパクトは大きいので、教育体制を敷き、カットオーバー後も定着に向けた問い合わせや不具合対応などの組織機能は保持しおき、システムが安定的に使われるようになるまでサポート体制を厚くします。

プロジェクトマネジメントのフレームワークを活用すべし

　SCMシステムは組織横断で導入します。また、外部ベンダーも入ってきます。プロジェクト推進にあたっては、プロジェクトマネジメントのフレームワークを活用すべきです。自社にフレームワークがあるなら、それを使いましょう。

　もし、自社にプロジェクトマネジメントのフレームワークがなければ、アメリカの非営利団体PMIがプロジェクトマネジメントノウハウを体系的にまとめた「PMBOK（Project Management Body Of Knowledge: ピンボック）」を活用するのも1つの手です。

　PMBOKでは、プロジェクトプロセスと管理（コントロール）対象が整理されているので、活用すれば管理精度が上がり、プロジェクトコントロールの手法が活用できます。

　ただし、PMBOKは概念的なところも多いため、他のプロジェクトマネジメント方法論を研究し、実務的な管理体系にしなければなりません。

　コンサルティング会社やITベンダーなども方法論を持っているので、フレームワークを活用しましょう。プロジェクトを簡単なグループ活動と勘違いしてはいけません。

● PMOは事務局ではない、PMサポートの要職と心得る

　よく体制図に描かれる「PMO（Project Management Office）」というプロジェクト運営チームを"事務局"と勘違いする人がいます。PMOは単なる事務局ではありません。プロジェクト運営の要です。エキスパートでチームを固め、強いプロジェクト管理の権限も持たせます。

Chapter

7

SCMシステム応用編：
上手なSCMシステムの
使い方を伝授

需要予測システムの上手な使い方

専用ソフトか、統計ソフトか、表計算ソフトか、それぞれの注意点。

▎需要予測専用ソフトを使う場合の注意

　SCM用に開発された「需要予測専用ソフト」は、需要予測業務に適合するように作られているので、それなりに機能もあり、使いやすいものになっています。

　たいていのソフトは、いくつかの統計モデルを搭載しています。統計モデルを選択する際に、統計モデルの自動選択をしてくれるソフトもあります。しかし、そのモデルの適否の評価は、結局人が判断するしかありません。

　需要予測専用ソフトを使う場合は、**使用者に統計の知識が必須**です。統計の知識をつけ、分析力を向上させて、ソフトを使いこなしましょう。

　また、たいていの需要予測専用ソフトは、**単品＝SKU（Stok Keeping Unit：最小在庫管理単位）での予測**になります。そうした場合、予測の元になる実績数が少なく、予測結果のブレが大きくなる可能性があります。ブレを許容するのも1つの手ですが、あまりに変動が大きくなると、生産・調達へのインパクトや在庫リスクが大きくなるので注意が必要です。

　需要予測単位＝DFU（Demand Forecast Unit）を変えて製品グループで予測し、単品に分解するとなると、アドオン開発が必要になる場合があり、コストがかかります。

　できあいのパッケージになるため、追加開発は高額になる傾向があります。先のようなロジックに関わる追加開発だけでなく、見た目や入力

ができるようにしたいとか、グラフの追加程度でも高額になる可能性が
あり、表計算ソフトのインターフェースによってデータを出し入れでき
るようにして、入力や出力後のデータ加工をできるようにしたほうがよ
いでしょう。

統計ソフトを需要予測に使う場合の注意点

　「統計解析用のソフト」の活用はあまりおすすめできません。本来、
統計解析用の用途をSCMの需要予測業務に無理やり使うのですから、
手間がかかります。

　また、業務向けではないため、過去分析やアラートなどを設定できる
わけもなく、統計モデルは自分で選択し、パラメーターをチューニング
しながら使うことになります。統計的な知識もかなり要求されます。

　社内に統計の専門家がいて、使いこなせるのであればよいかもしれま
せん。また、需要予測ソフト同様、DFUは単品になります。

表計算ソフトを需要予測に使う場合の注意点

　表計算ソフトは手軽で、関数で使える式が入っていることもあります。
厳密な統計式に従わず、**独自の計算式を仕込んで予測をすることもでき
るため、使い勝手がよいです。**

　その代わり、シートを作る面倒さがあります。また、表計算ソフトの
管理が属人化して、その人しかわからないといった状況も生まれます。
ファイルは共有フォルダに置き、簡易なマニュアルを作るなどして、予
測式の内容や使い方などを共有しておいたほうがよいでしょう。

　とはいえ、表計算ソフトの手軽さは捨てがたく、会社規模の大小にか
かわらず、かなり使われています。大企業では表計算ソフトをベースに
システム化している会社もあります。中小企業であれば、あまりコスト
をかけず、表計算ソフトで需要予測をしてもよいでしょう。

需要予測 システム	おすすめ度	留意点
専用ソフト	○	・それなりの統計モデルを実装 ・使用者に統計の知識が必須 ・追加開発は高額になることも ・コストはそれなりに高い
統計ソフト	△	・統計解析用で使いにくい ・統計的な知識もかなり要求される ・コストは専用ソフトに比べると安い
表計算ソフト	○	・関数が入っていたり、使い勝手がいい ・フォーマットを一から作らなければならない ・属人化の危険、そもそも業務システムではない ・手軽で、コストが安い

需要予測システムのおすすめ度と留意点

計画ソフトには「SCP」が必要か、表計算ソフトでできないか

販売計画、仕販在計画、生販在計画をSCP化する際の注意点。

SCPによる計画統合の利点と注意点

SCPは、サプラチェーンを横断する「販売計画」「仕販在計画」「生販在計画」を立案するソフトです。各拠点の「販売計画」から各在庫ポイント（＝倉庫）の「仕販在計画」へとつなぎ、各在庫ポイントの仕販在計画を生産拠点の「生販在計画」に連鎖してくれます。

こうした連鎖の構造も計画用のBOM（＝Planning BOM）としてあるので、マスターとして利用することでサプライチェーンの構造が設定しやすくなっています。Planning BOMの呼び名は各パッケージで違いますから、確認することが必要です。

SCPはサプライチェーン全体の計画連鎖ができるので、計画を一元化して統合するのに適しています。しかし、拠点ごとの計画立案と全体統合の業務プロセスをきちんと作らないと運用できないので、まずは拠点間をまたがった業務設計が必要であり、かつ重要になります。

パッケージベンダーに乗せられないように

SCPのパッケージシステムも各種出ています。SCPは巨大なDBになるため、なかなか高額な値段になります。高額な費用を認めさせるため、昔からパッケージベンダーは、簡単に夢のようなことができるかのように宣伝しますが、それに乗せられてはいけません。

計画の立案と合意には、組織利害の調整や経営的なリスク判断が必要であるのに、そのようなことは無視して「できます、できます」と言う

ことには注意が必要です。

　机上でできることと現実にできることは違うのです。**自分の会社は、本当にそこまで夢みたいな業務をする必要があるのか、できるのか**、といった当たり前の疑問を持って冷静に評価しなければいけません。

▌緻密な制約や高度な機能などを無理に組み込まない

　パッケージベンダー側ではなく、導入企業側から「夢のようなことができないか」との要求が出てくることもあります。こうした要求に対し、**その要求の要否、難易度、効果を冷静に判断する社内の体制が必要**です。

　たとえば、仕販在計画を生販在計画につなぐときに、「営業倉庫と工場倉庫間の輸送の最適化をしたい」といった要求が出ることがあります。SCPでの計画は、通常、月バケットで数か月先を確定したり、数週間先の計画を確定させたりします。そうした際に、輸送制約を加味して計画を変えるか、必要なトラックの追加台数を出すとかの計画を同時にしたいというのです。

　実際の配車は出荷直前の数日前に計画され、決まっていきますから、業務タイミングが合いませんし、機能自体もSCPに入れるものではありません。こうした無茶な要求をはねつける見識が必要です。

▌表計算ソフトを使用する際の注意点

　SCPを表計算ソフトで実現する会社も多くあります。単純に計画連鎖をするだけなら、表計算ソフトでも十分なサプライチェーン計画の仕組みができます。

　問題は、表計算ソフトの自由度です。管理が属人化するので、属人化しないようにしなければなりません。同時に、各人各様の計画フォーマットを作らせないように統一して運用する体制も必要になります。

　SCPは高額ですから、会社規模を考慮し、表計算ソフトもアリだと思います。

計画ソフト導入のおすすめ度と留意点

計画ソフト	おすすめ度	留意点
SCP（専用ソフト）	○	・専用ソフトなりの機能があり、サプライチェーンの計画がモデル化できる ・計画用のBOM（＝Planning BOM）、制約考慮の機能があるなど、それなりの機能が実装されている ・ソフト代が高額 ・システム機能が硬直的、追加開発が高額になることも ・あまり高機能にしない ・"売らんかな"の姿勢のパッケージベンダーが多く、見極めが必要
表計算ソフト	○	・単純に計画連鎖をするだけなら、表計算ソフトでも十分 ・フォーマットを一から作らなければならない ・属人化の危険、そもそも業務システムではない ・手軽で、コストが安い

ERPですべてはできないが、使い切ることでSCMの一部にはなる

実行システムとしてERPは必須の機能なので、確実に使いこなすこと。

実行業務システムなしで計画システムは存在しない

SCMの最も重要な機能は「計画」です。しかし、計画をする際に必要になる実績データは、実行業務システムである「基幹システム（ERP）」にあります。

基幹システムでタイムリーに販売実績、在庫実績、生産実績、在庫実績が正しく取れないと、計画そのものの精度に影響が出ます。したがって、**基幹システムがきちんと動いていることが、SCMの前提になるの**です。

基幹システムは、古いシステムではホスト、最近ではERPが導入されるでしょう。いずれにせよ、きちんと使いこなし、実績データをタイムリーに、正確に取得し、需要予測システムやSCP、スケジューラーなどに渡すことが必須です。

MRPをきちんと回すために必須なこと

SCMの実行業務のコアとなる業務の1つが「所要量計算」です。製造指図や購買指図を作るためにも必須の機能で、通常はシステムとしては「MRP」が担います。

しかし、MRPが回せていない会社が多いのも事実です。MRPが回せないということは、所要量計算を人手で行っているということで、その手間と工数はばく大で、精度にも問題を抱えます。

きちんとMRPを回すためには、そもそもMRPという考え方を生産管

理に関わる社員に教えなければなりません。MRPというものの存在を知らない、ロジックを知らないといった人が多すぎます。

　次にMRPを構築しなければなりません。所要量計算にはBOMがあり、MRPへのインプットとなる独立需要（＝受注や基準生産計画）があり、在庫実績と入庫予定がきちんととれていれば成り立ちます。まずは、社内できちんとBOMの構築と維持ができる体制を引きます。

■ 表計算ソフトに依存する業務を変える

　せっかくMRPが構築されているのに、工程別の生産計画を表計算ソフトで作って連携している会社や、サプライヤーへの発注計算を表計算ソフトで作り、発注書だけERPに打ち込んでいる会社も多いものです。なんのためのMRPを構築したのか意味がないといった状態です。

　工程別の生産計画はMRPで計算し、製造指図化します。見た目が表でなくなるため使いにくいなら、表に直して可視化する外づけシステムを構築します。そうすることで**工程の計画が一元化**します。

　発注計算にいたっては、計算ソフトで計算する意味はありません。生産計画同様に、見た目が表でなくなるため使いにくいなら、表に直して可視化する外づけシステムを構築します。

　ただし、発注に関しては、要件によってERPなどではできないケースがあります。ERPは基本、日次サイクルで回すので、時間指定納入などのコントロールができません。この点では、発注はERP、納入指示は外づけか別システム化します。発注と納入を分けることで、ERPの機能を限定します。

　入庫実績はWMSやMESからERPに戻し、日次サイクルでの所要量計算に使えばいいので、時間サイクルで戻す意味はありません。

　時間バケットでの管理は、WMSやMESなどのより現場に近いシステムに実装します。明言しますが、**基幹システムはリアルタイムである意味はない**のです。

ERP は SCM に必須

ERP（基幹システム）は
SCM に必須

実績データの
データベース

▼

SCP にデータを
受け渡す役割

MRP として
製造指図・購買指図を生成

▼

MES と連携する
役割

表計算ソフトなどで誤魔化さず、
実行システムとしてきちんと構築し、使いこなす

▼

業務統制の仕組みとして構築しておくことが前提

ただし、世間一般に誤解されている「リアルタイム」である
必要はなく、「日次サイクル」などで十分

スケジューラーの導入は困難であるため、相当なハードルがあることを理解する

スケジューラーは現場の管理レベルが高くないと入れられない。

■ スケジューラーは気軽に入れようとしてはいけない

生産順序を計画する小日程計画を立案するのが「スケジューラー」です。この業務領域は表計算ソフトが主流ですが、そうでないことも相当のケースがあると想定できます。人手による計画です。

表計算ソフトを使わない場合は、下手をすると職長の頭のなかに計画があって、その指示通りに朝現場を動かすとか、せいぜい現場の管理ボードに当日の生産順序を張り出すといったやり方になります。

仮に表計算ソフトを使っていても、実態は職長や計画担当者の頭のなかにある生産順序を「ガントチャート」などの図表にするために使ったり、製造順序の羅列を表にするのに使ったりといった状態で、ロジックが実装されていないことも多々あります。

生産順序を決める際に考慮すべきことが多すぎて、システム化がむずかしく、ベテランの頭のなかで判断したほうがよいというわけです。これでは、どのようなロジックで計画しているのか、どのようなデータが必要かといったことがどこにも定義されていないため、要件を確定して機能を構築していくのは骨が折れる作業になります。スケジューラーを入れるのは、相当に困難だということを覚えておかなければなりません。

つまり、**スケジューラーは気軽に入れられない**ということです。生産順序を決める業務は、属人化がはなはだしい分野の1つです。システム化の判断は、できるという見通しと相当の覚悟が必要です。

現場の実績管理精度を向上できるなら導入を検討

　また、スケジューラーは、**現場の実績管理のレベルが高くないと導入できません**。実績データが正しく、リアルタイムに近い形でとれないと、そもそも精度の高い計画自体が立案できませんし、変化があった際の計画変更もできません。

　マスターデータも随時最新にしておかなければなりません。標準時間、設備別の稼働カレンダー、スケジューラーで使うBOM、新規や改廃があった際の品目情報などのマスター情報の整備とタイムリーな最新化は基本です。仮にスケジューラーに治具制約や段取り制約等を設定するなら、そうしたマスターも最新化しなければなりません。

　実績データの正確でタイムリーな取得、マスターデータの適切な管理と適時最新化できるマスター運用体制を作ることが大切になります。単にシステムを入れればいいということではないのです。

属人化した計画にスケジューラーが負ける可能性も大

　また、人が作る計画に、計画の質においてスケジューラーが負けるというのも普通に起きます。人のほうが考慮できる制約条件が多いからです。

　しかし、人が考慮できる制約条件をすべてシステム実装することはできません。ばく大な費用がかかり、運用も工数がかかります。したがって、スケジューラーを入れる際は、人を超えた完璧な計画ができるのではなく、属人化をやめて、だれがやっても同じ平均的な計画ができるレベルでの導入を許容して入れます。

まず簡易な形で入れ、人が補正する余地を入れ込む

　スケジューラーは簡易な機能で入れます。まずは設備別の順序計画ができれば十分です。それ以上の計画精度向上は、人が補正して実現できる"意思入れ＝補正"機能を実装します。

スケジューラー導入の注意点

スケジューラーの
導入は
むずかしい

- 計画担当のベテランの頭のなかにすべて入っているため、要件が不明瞭
- 現場の管理レベルが高くないと、タイムリーに実績情報が集まらない
- マスタメンテを行い、常にマスタデータを最新にしておかなければならない
- 機能も不明瞭、管理レベルも低いまま導入すると、ベテランの立てた計画に負けてしまう

**簡易な機能で導入し、人が計画を補正することで、
まずは使ってみるレベルから導入すべし**

間違っても、簡単に入れられて、なんの努力もせずに
高精度の計画ができるなどと思い込んではいけない

個々勝手なコード・マスターを許さない 「マスター統合」を実現する

各拠点で別々のコードとマスターになると変換がばく大になる。

■ 個別にシステムを入れてきたことの弊害

多くの企業では、拠点ごとにシステムを入れてきています。そのため、システムが相違するだけでなく、**そのシステムで使われているデータのコードも相違し、データの互換性がないことも一般的**です。

たとえば、同じ製品でも拠点によって品目コードが違うことがよくあります。そうすると、品目コードを変換しなければ拠点ごと・品目ごとの売上実績、在庫実績、生産実績が見えないといった事態が起きます。また、計画統合においても、拠点の計画に関し、品目コードを変換しないと計画が確認できないことになります。

こうした変換は、1つひとつシステム間のインターフェース処理するケースが多く、システム間のインターフェースプログラム構築に多大な負荷と構築・保守に工数を生じさせています。

仮にシステム化で対応できないとすると、人が間に入って手作業で変換処理を行います。変換処理とはいったものの、やっていることはデータの転記入力を人手で行っているということです。つまり、**ヒトという貴重なリソースが、システム間のデータ変換に使われているといった本末転倒におちいっている**のです。

■ コードの統一は大仕事だが、行う意義は高い

こうした変換をなくすためには、**拠点間でコード統一をすること**です。しかし、「言うは易し、行うは難し」です。すでに数年来使われている

システムにとって、今までのコードを変えるというのはほぼ不可能です
から、従来品は変えられないでしょう。古くからの取引先の取引先コー
ドなども同様です。

　しかし、新規の品目、新規の取引先など、**新規のコードはルールを統
一し、同じものは同じものと認識できるようにコード統一の活動を行う
べき**でしょう。

　システム入れ替え時などに、コードの統一化に向けた活動をすること
も可能です。この場合、当面の間、過去データとの連続性を維持するた
めに、コード間の関連ひもづけの仕組みを用意します。過去実績を参照
する際はBIなどにデータを移し、コードひもづけによってデータの継
続性を担保します。

　とはいえ、コードの統一は大変です。品目コードであれば新製品開発
の段階から統一する業務プロセスを設計し、ルールに準拠し、コード発
番を一元管理して各拠点に配信する機能が必要です。購入品の品目コー
ドも同様ですし、サプライヤーコードは購買組織を立ち上げ、サプライ
ヤーコード統一が必要です。顧客などの取引先も同様の活動が必要で、
こうしたことを行うにも相当の年月と根気と権限が必要になります。

　しかし、実現できれば可視性が劇的に上がり、データ統合が簡単にで
きるようになるので、実施できるならしたいものです。会社規模や組織
が小さいなら、今のうちに手を打っておくことができれば幸運でしょう。

　コードの統一ができないなら、IFで変換か、変換システム構築かで
しのぐしかありません。

■ マスターを一元管理するMDMの導入

　コードが統一できたら、各マスターデータも一元管理し、各拠点に配
信します。その仕組みは、「MDM（Master Data Management）」に
なります。

各拠点でのコードとマスターの統一

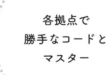

各拠点で
勝手なコードと
マスター

データの互換性がない

共通な分析ができない

▼

膨大なコストをかけて変換インターフェースを構築
または、
人がデータを変換してばく大な工数がかかる

大変な作業だが、

●コードの統一　●統合マスターシステムの導入

を目指すべき

情報システム部門の強化と
ITベンダーの見極め方

ぜい弱な情報システム部門を強化し、ITベンダーを厳しく選定する。

▎情報システム部は変革を

　企業内の情報システム部門はぜい弱です。人数も少なく、仕事はすでに導入された旧来システムの保守と社内でのネットワークやサーバー管理といった「インフラ管理」などが中心です。

　情報システム部門の立場も弱く、ユーザーの追加開発要望を受けたり、データ加工依頼を受けたりすることで時間をとられるため、最新のパッケージ動向や技術動向の情報収集もままなりません。新しいシステムを構築する機会もないため、新しい技術を学ぶ機会がなく、プロジェクトマネジメントの手法も皆無といった状態です。

　IT先進国といわれる米国などでは、その革新性のイメージとは裏腹に、IT人材は社外調達ではなく、会社内部に人材をプールし、システム開発やプロジェクト推進は自社内で行うといった状態です。ITを重要な戦略ツールと考えているからでしょう。

　一方、日本企業はITを軽視し、社内にIT人材を豊富に抱えるべきで、かつ、高スキル化するべきという意識が欠けています。競争力向上に貢献し、最新のテクノロジーとプロジェクトマネジメントスキルを持ち、きちんとしたシステムを構築していくためにも、**社内のIT人材育成と情報システム部門の機能強化は必須**です。

　情報システム部門のスキルと権限、地位を上げることが、1つひとつのパッケージ導入に先がけて重要です。システム導入を成功裏に進め、競争力向上に役立てるためのおぜん立ては、強力な情報システム部門が

必要なのです。

システム企画力・構築力と プロジェクトマネジメント力

　システム保守とインフラ管理が中心だった情報システム部門を改革する際の方向性は、**システム企画力・構築力の向上とプロジェクトマネジメント力**です。

　システム企画力・構築力とは、**最新のパッケージを知り、旧来と最新の言語技術を知り、かつ、構築する経験を踏まえて企画・構築に対する経験と知見を有するように人材を育てること**です。つまり、社内で開発プロジェクト案件を起こし、常に開発プロジェクトを経験させ続けるということです。そうすることで、パッケージに対する評価や、ITベンダーに対する評価の力もついていきます。

　プロジェクトマネジメント力は、**納期を守り、コストを守り、リスクを低減してシステム導入できるスキルを身につけた人員が豊富にいるようにすること**です。そうすることで、SCMのような組織横断で大規模なシステムでも導入できるスキルが身につきます。

ITベンダーなどを厳しく評価し、選別する

　システム企画力・構築力とプロジェクトマネジメント力が高ければ、自社で開発もできますが、ITベンダーやコンサルタントを選ぶ際も、厳しく選別するスキルが身につきます。

　外部パートナーですが、システム導入の成否に影響しますから、内部リソースを強化しておくことで選別がうまくいけば、プロジェクトの成功率も上げられるのです。

　SCMシステムの上手な使い方というよりも、上手な導入に必須な前提条件になってしまいましたが、大事なことなのでぜひ実行してください。

情報システム部門を強化する	

情報システム部門の強化	具体的な打ち手
社内の 情報システム部門を 強化	・情報システム企画・構築力の向上 　ー最新のパッケージを知る 　ー旧来と最新の言語技術を知る 　ー構築の経験をする 　ー企画と構築に対する経験と知見を有するように人材を育てる ・プロジェクトマネジメント力の強化 　納期を守り、コストを守り、リスクを低減してシステム導入できるスキルを身につける ・スキルのある人員を増やす
ITベンダーを 厳しく選定する	・社内の情報システム部を強化することで選別する力をつける

在庫は悪ではない、
ポジショニングと戦略的に合致した「KPI」

　「在庫は悪」との思いが日本の製造業には根強くあります。在庫は極力少なくすることが正しいとの考えです。SCMも在庫削減を目標の1つに掲げて構築されます。

　SCMの指標（KPI）に、「CCC（Cash Conversion Cycle）＝立替期間」というものがあります。

　CCCは、「在庫回転期間＋売掛債権回転期間－買掛債務回転期間」で表す式です。「在庫回転期間が長い＝売上」に対して在庫が多いと資金が必要になり、少ないと資金繰りが改善される指標です。

　在庫月数（＝在庫金額/売上金額）も同様です。在庫が少ないことで、KPIの評価がよくなるため、在庫を減らす活動が促進されます。

● KPIが優れていても2番手企業は1番手に追いつけない

　A社は、業界最大手企業よりも在庫が少なく、CCCがよいことを誇りにしていました。確かに、最大手企業は在庫が多く、CCCは劣っていました。在庫の少なさではA社の圧勝です。A社は「在庫は悪」だとの思想で、受注生産や製品在庫はごくわずかでした。最大手企業は見込生産です。製品在庫を積んでいましたので在庫が多かったのです。

　よくよく調べると、この業界では即納が顧客要求で、多くの顧客が最初に最大手企業に注文を入れます。A社には、最大手企業に在庫がないときにしか注文がこなかったのです。結果、数年のうちに売上規模で4倍もの差がついてしまいました。

　会社のKPIが優れているといっても、ビジネスで負けては意味がありません。市場や顧客要求、企業戦略に合致させたKPI評価が必要です。

SCMが抱える課題と
今後の展望を知り、
先取りして武器にする

物流の戦略化：倉庫のロボット化と輸配送方法の競争優位への活用

人手不足と競争激化が同時進行する物流領域の戦略化。

▍人手不足だからこそ、顧客ニーズがある

トラックドライバーの不足が長くいわれ、物流分野での人手不足が深刻化しています。しかし、人手不足は物流領域だけでなく、荷主側企業や納入先企業にも起きています。**人手不足であるということは、そこにニーズがあるということです。**

私の知る企業B社は、当初、輸配送を外部の物流業者に委託していました。路線便で大きな段ボールを送りつけて終わりです。ところが、納入先も人手不足。段ボールで置いていかれると、荷受けや小分け、少しずつ使うためのピッキング、在庫管理で人手がかかって困っていました。

そこでB社は、輸配送を自社物流化し、小分け用のピッキングセンターを作り、多頻度納入化をして納入先に人手がかからないように変えました。今、B社は競合他社を抑え、業界のガリバーとなりました。

このように、人手不足にはビジネスニーズがあり、そのニーズにこたえるべく、**物流を戦略化して、市場を席巻することもできる業界がある**のです。顧客のニーズにこたえ、物流を戦略化したのです。

▍アウトソーシング、共同輸配送から自社物流化へ

輸配送などの物流業務は、長い間コストしか生まない業務として、コストダウンの対象でした。「とにかく安く」が合言葉でした。

しかし、人手不足で物流費が高騰したことと、アウトソーシング先の物流会社のサービスレベルが落ちていき、コストとサービスを天秤にか

けて考えると放置できない状況になったのです。

　競合企業間で進まなかった共同輸送も今は導入されてきています。もはや、物流サービスで競争する意味はなくなり、「輸送量がばれるから嫌だ」などという余裕はなくなってきたわけです。

　共同輸送はコストに注目した打ち手ですが、共同化のため柔軟性に欠けます。柔軟な輸送を実現するためには、外部委託では限界があります。さらに、やはり物流は顧客接点になるため競争力に貢献すると判断した企業は、サービスレベルをコントロールするため、自社物流に切り替えつつあります。物流が戦略分野になってきているのです。

▌ 物流を自動化し、人手不足対応と高効率化を目指す

　倉庫業務も人手不足です。倉庫作業は、自動化に向けた投資が盛んです。無人搬送やピッキング自動化、梱包自動化は当たり前、保管棚が自走してきてピッキング場所で人がピッキングする、自動搬送車が方面別の床下シューターに荷を投下するとそのまま方面別トラックに荷積みできるといった、さまざまな自動化への取り組みが盛んになっています。

　人手不足と効率化を目指し、自動機械への投資が最前線になっています。

▌ 作業改善ではなく、ビジネスモデルの変更も視野に

　作業レベルの効率化でコストダウンを図る、出荷までのスピードを競うというのは従来の作業改善の延長です。もちろん、こうした改善を積み上げ、生産性向上の投資をすることは、1つの重要な手法です。

　しかし、作業改善レベルの打ち手はいつか限界が来ます。コストダウンとあわせて、**顧客へのサービスレベルを上げ、顧客を囲い込むような改革、ある意味で顧客との関係性を変えるようなビジネスモデルの転換が必要**ですし、それができる条件が揃ってきています。先のB社は、納入先の在庫管理業務までとり込み、顧客を囲い込み始めているのです。

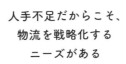

物流を戦略化する

人手不足だからこそ、
物流を戦略化する
ニーズがある

- 顧客の在庫管理やピッキングなどの物流業務を代行するといった顧客のニーズにこたえ、物流を戦略化
- 共同輸配送によるコストダウン
- 柔軟な輸配送を行うために自社物流化
- 無人搬送やピッキング自動化、梱包自動化など倉庫作業の自動化、機械化
- 顧客に提供する物流のサービスレベルを上げ、顧客を囲い込む

数量計画とお金の計画を統合する「S&OP」という計画業務

数量だけの計画ではなく、金額に換算し、財務インパクトを見極める。

■「S&OP」は数量と金額で行うSCMの計画業務

多くの日本企業のSCMに関わる計画は「台数」で行われています。何を、何台売るのか、何台在庫するのか、何台仕入れたり生産したりするのか、といった議論が中心です。

売ることが計画された製品の売価はどうなっていて、利益はどうなっているのかといったことは、あまり検証されないか、営業組織だけで検討されています。

私の知るC社では、営業の販売計画が台数で提示されていました。台数ベースではがんばって売っているようでしたが、その背景は営業が売りやすい安価品をたくさん売る計画だったのです。

C社の業界はハイテクコンシューマー品で、製品のライフエンド近くになると価格が落ちて、下手すると売れば売るほど赤字になるような業界です。価格が落ちて、赤字の製品をいくら売ってくれても会社の損失です。そのうえ、ライフエンド品が小売りの店頭にあふれ、高価格で売れる新製品が仕入れてもらえないという悪循環でした。

こうした状況を改善すべく、台数と価格、利益を確認しながら、営業組織には高利益品の販売促進を検討させ、収益が確認できる販売計画をもとにSCMの計画がされるようになったのです。

同様のことは、在庫が過剰になる際の資金繰りへの影響、生産が変動する際のコストの悪化なども検証が必須となり、数量だけでなく、金額換算して収益や資金繰りへの影響までを見て計画承認する業務ができ上

がったのです。

　このような**数量と金額で行うSCMの計画業務**が「S&OP」です。SCMは連結収益の最大化を目指すもので、台数の多い少ないといった議論で終わりにしてはいけないのです。

■ 個別機能単位の「計画業務」を統合する

　日本企業はあるべき業務を描かず、高度経済成長の市場拡大に押されて自然発生的に業務を拡大してきました。その過程で組織の専門特化が起きました。市場の成長にあわせて「作れば売れる」状況に対応していればよかったため、今のような変動の激しい市場への対応業務の構築を怠ったのです。

　個別組織単独で計画しているので、自部門の計画が他部門や全社に与える影響に無頓着です。個別組織の利害や都合が先に立ち、企業として組織的利害調整のうえの計画的な対応がぜい弱なのです。

■ 連結視点で機能するSCM組織をあらためて立ち上げる

　SCMは組織横断の業務です。個別機能単位の計画を全社・連結の視点でとりまとめ、組織利害を超えたところで判断しなければなりません。そうした業務プロセスはS&OPで描けますが、S&OPを統合して、財務インパクトとリスクを分析し、経営陣に判断を促す組織機能が欠落しています。

　連結視点で機能するSCM組織をあらためて立ち上げるべきです。過去、机上の思いつきでSCM組織が作られ、機能しませんでした。

　現在はS&OPというフレームワークがあります。S&OPが実現できる業務プロセスを設計したあと、組織の機能役割や権限を明確化してから、明確な機能と権限を持った経営支援としてのSCM組織を立ち上げるのです。

連結視点で機能するSCM組織

数量だけの計画

↓ S&OP化により

金額によるビジネスリスク判断と
意思決定の計画に変革する

- 金額による売上達成のチェック
- 利益目標達成可否のチェック
- 在庫による資金繰りチェック
- 工場利益への影響のチェック　　など

各拠点個別の計画を統合管理し、連結経営の土台を構築

- 計画業務を統合　　● SCM組織の設立

IoT進展に対するテクノロジー活用のための構想と統合力の必要性

流行に流されるだけのテクノロジー礼賛ではなく、実質的な導入を。

▌日本企業はテクノロジーを軽視している

日本企業のシステム導入は遅れに遅れています。人手に頼り、問題は人の責任、人を叱責すれば十分といった"人力"での業務運用に対してあまり疑問がわかないようです。

私の知るD社では、所要量計算を表計算ソフトで行っています。1人で何種類もの部材の構成情報をメンテナンスし、計算式を埋め込んで、残業しながら複数人数で作業しています。ミスが起きると、「あなたはなぜミスをしたのか、今後ミスをしないように自ら改めなさい」と個人の責任にして終わりです。そして、ミスは繰り返されるのです。

所要量計算などMRPでできるのです。ミスがあれば、個人の責任ではなく、**システムとプロセスを直せばよい**のです。**テクノロジーで解決できることを人力でやり続けるのは貴重な人材のムダづかい**です。

日本企業の問題の1つは、どこでも手に入るテクノロジーに興味がなく、テクノロジーで問題を解決する姿勢に欠けているところです。テクノロジーを軽視しているのです。それはまるで戦時中に八木アンテナを理解せず、テクノロジーを軽視し、目視戦闘に頼っていたこととダブります。結果的に、八木アンテナからレーダーを開発した米軍に圧倒されました。システムやテクノロジーを軽視するクセは今も抜けていません。

▌古い企業体質がIT化が遅れる原因の1つ

日本のIT化は遅れています。繰り返しになりますが、テクノロジー

を活用して標準化・効率化し、処理仕事はできるだけシステムに任せ、人の仕事もシステムを活用してだれでもある一定レベル以上の仕事ができるようにしようという考えが弱いのです。

　日本企業はシステムを使って統制し、標準化し、だれがやっても同じレベルにするといった姿勢を強くすることが必要です。人だけ集めて、あとは「知恵を出せ」では世界で戦えません。

　その一方で、流行やバズワードにはすぐ飛びつきます。コンサル業界やIT業界に仕掛けられた流行語に乗って、深い理解もなくムダな活動と浪費も行ってきました。古くはCIM（Computer Integrated Manufacturing）、CALS（Continuous Acquisition and Life-cycle Support）、ニューラルネットワーク（人工知能の一種）、RFID（Radio Frequency Identification）、ビッグデータAI、ERP、クラウドコンピューティングなどの言葉がもてはやされました。一部は定着しましたが、多くは消えていきました。

　テクノロジーを深く理解し、宣伝文句に飛びつくのではなく、ビジネスへの貢献を描いてから、その言葉の意味するテクノロジーの真贋を見極めなければなりません。

■ DXが注目される今、SCMへのIT導入に拍車をかける

　今、経営者は「**DX（Digital Transformation）**」という言葉に飛びついています。DXは、**プロセスとITは一体である**という、はじめてまともな認識に至ることができる流行語です。DXは今までと違い、テクノロジーで単発作業を変えるのではなく、**テクノロジーをテコに業務プロセスを変え、ITを会社の競争力に活かす視点を醸成する概念**です。

　テクノロジーによる業務プロセス改革の視点があれば、DXは相当な効果が生めます。経営陣がDXに飛びついている今、その勢いをSCMに活用しましょう。

テクノロジー軽視
&
人力依存

- テクノロジーの活用とその効果を理解し、積極的に導入する
- システムを使って統制し、標準化し、誰がやっても同じレベルにする
- 流行やコンセプトレベルのセールストークに乗せられないで、テクノロジーを厳しく、正しく選別する

DXは、プロセスとITは一体であるという、
はじめてまともな認識に至ることができる流行。
これをテコに、DXに経営陣が飛びついている今、
その勢いをSCMに活用しよう

企画・開発、商談とつないだ
コンカレントエンジニアリング型SCM

設計の上流段階からコストやリスクを抑えることを考慮する。

企画段階から生産管理や調達などの要求を考慮する

SCMは、**部材の調達や生産をマネージする手法**です。販売計画や受注といった需要にもとづき、最高のQCDを実現すべく管理されます。

しかし、SCMでは一度決まってしまった製造方法や部材を変えることは困難で、その制約の範囲での努力になります。コストやリスクはSCMでマネージ＆コントロールはできるものの、そもそもマネージ＆コントロールしなければならない製造方法や部材は、**新製品の企画・開発段階で決まってしまう**のです。生産が開始されたあとにできるのは、せいぜいコストダウン程度なのです。

企画・開発の源流から、生産管理、生産技術、調達の要求を考慮することで、**低コストでの製造が継続でき、調達リスクも抑え込むことができます**。新製品企画・開発のプロセスが定義されていれば、コンセプト検討にあたる"デザインレビューゼロ"段階から、生産管理、生産技術、調達の要求を考慮し、製品化の承認を得るようにします。

生産管理からは、生産方式などへの意見を入れます。受注生産では能力変動が大きいので、見込生産にすべきとか、受注組立生産にするなら業務対応が可能かどうか、そのときのコスト予測にもとづく意見などを表明します。生産技術からは作りやすい構成への要求、新規投資を抑えるかどうかの検証などをします。調達は部材の調達難易度からの採否検討、標準部材使用への示唆、サプライヤーの評価などをインプットします。

コンセプト段階から、**リスクや標準化、コスト増大を抑える視点を注入する**のです。競争力のある新製品開発は必要ですが、コストもリスクも無視し、生産・調達を行う後工程になってからでは挽回がむずかしいのですから。

■ 企画・開発段階から営業の販売見込みを考慮する

たまに見かけるのですが、製品企画先行で市場性を考慮しない会社もあります。市場を見た際に、「ニーズがあるか」「なぜ売れるのか」といった検証が弱い場合があるのです。

営業組織とのすり合わせを行い、営業の意図も汲みます。仮に営業に対し強く売ることを要求するなら、販売計画に織り込み、売るための施策とセットで了解をとりつけて、開発を進めるべきです。せっかくリソースを投入して開発したのに、営業がそっぽを向いているようでは損失です。営業との販売見込みのすり合わせ、計画対応の合意は重要です。

■ 商談プロセスで仕様を誘導する 「コンフィグレーター」

B2Bビジネスにおいて、商談プロセスを進めながら仕様検討が進む場合があります。こうしたときに、お客様に自由に仕様を要求させると、生産や調達のバリエーションが増え、個別設計図面と個別BOMができて管理が煩雑になります。製造困難、調達困難、納期遅れ、コスト割れなども起きかねません。

仕様検討をしながら商談プロセスを進める際は、**できるだけ標準仕様に誘導する「仕様誘導」の仕組みを構築しておくべき**です。

設計は標準仕様とバリエーションを決め、仕様選択・統制ができる「**コンフィグレーター**」というシステムを導入します。商談プロセスで選べる仕様を「コンフィグレーター」で限定することで、営業が誘導できる業務を構築します。仕様誘導は、SCMとして構築したい手法の1つです。

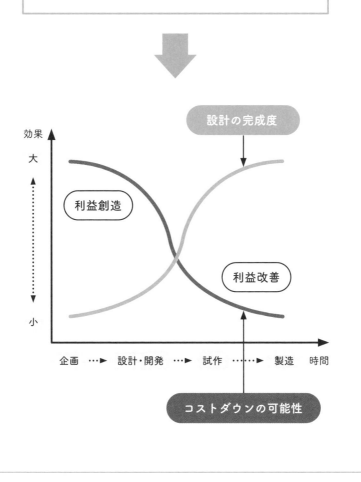

企画段階からSCM的視点を入れる

新製品開発の上流から
生産管理・生産技術・調達、営業の
SCM的視点を入れて、
コスト競争力があり、
リスクのない生産・調達を実現すべし

設計の完成度

効果

大

利益創造

利益改善

小

企画　…▶　設計・開発　…▶　試作　……▶　製造　　時間

コストダウンの可能性

連結経営管理の強化を実現する
グローバルSCMを構築すべし

　国内や海外販社からの仕入注文を、本社経由で各国工場に流す会社は多いですが、その際、まるで本社がいちサプライヤーのように扱われている場合があります。

　販社は仕入計画を変え放題、発注数量と納期を変え放題で、本社や工場が困ろうが知らん顔です。本社は世界中で売りたい製品があって、販社に売らせたいのに、販社は売りやすい製品しか売らず、設備投資や用意した部材がムダになることも起きます。

　工場はできるものしか作らず、調達ミスや生産ミスによる販社との納期調整は本社に丸投げです。生産が落ちるとコストが上がるので、本社は「もっと販売をとってきてくれ」と、工場の都合だけ押しつけてくる始末です。

　連結子会社を統合して経営しているといった影は薄く、子会社たちからいわれたことをこなす、中間業者のような扱いです。これでは、連結収益の最大化もなく、リスク調整もありません。経営基盤が弱く、各拠点が個別最適を目指して勝手気ままに振る舞うだけです。

●グローバルSCM統制を行う強靭な本社機能を

　グローバルSCMは、連結対象子会社を横断して統合する経営手法です。そのカギは、世界中の計画と実績の情報を可視化して握り、個別最適の振る舞いを許さず、連結利益の最大化を目指し、同時にリスク許容を判断し、意思決定を行って各拠点を従わせる強靭（きょうじん）な本社機能構築なのです。本社として、グローバルSCMの構築を目指しましょう。

━━━━━━ お わ り に ━━━━━━

▶「SCMの教科書」としての本書

　「SCMの教科書」としての本書はいかがだったでしょうか。SCMが関係する広範な業務領域やシステムをできるだけわかりやすく説明したつもりです。それでもなお、わかりにくいところがあったかもしれません。

　昔の会社はシンプルなものでした。「どこで、誰が、何をしているのか」見通せましたし、全体を知っている人が何人もいました。しかし、会社規模が大きくなり、個別組織の専門特化が起きるなかで、多くの人は自分の仕事以外を把握できなくなり、周りがどのような仕事をしているのか理解できなくなってきています。「タコつぼ化」が起きているのです。結果、組織連携がおかしくなり、個別組織の利益ばかりが追及され、全体が崩壊しかねない状況になってきてさえいます。

　会社は有機体です。バラバラで、勝手に振る舞う個別組織でできているわけではありません。組織相互の有機的な関連で業務が営まれているのです。SCMは各組織のカベを取り払い、会社をあらためて有機体として"つなぎ直す"改革手法であり、業務の営みなのです。

　本書は、SCMに取り組むみなさんに、私が長く取り組んできた経験と知識、事例の引き出しを、できるだけ簡易に提供したつもりです。私は今も、これからもSCM構築を支援し続けていきます。みなさんもSCMを構築し、その業務を継続させていくことでしょう。

　これからもSCMを高度化し、会社の永続性を支援するためにも、本書が「SCMの教科書」として長く役に立っていくことを願います。

　2021年4月

石川和幸

さくいん

カバーデザイン　　井上新八

本文デザイン・DTP　小石川馨

しくみ・業務のポイントがわかる
現場で使える「SCM」の教科書

2021年6月10日　初版第1刷発行

著　者　石川和幸

発行人　片柳秀夫

編集人　福田清峰

発　行　ソシム株式会社

　　　　https://www.socym.co.jp/

　　　　〒101-0064 東京都千代田区神田猿楽町1-5-15 猿楽町SSビル3F

　　　　TEL：(03)5217-2400（代表）

　　　　FAX：(03)5217-2420

印刷・製本　　音羽印刷株式会社